www.tredition.de

Verbraucherschlichtungsstellen in Deutschland

Zuständigkeit | Verfahren | Besonderheiten

Von Marcellus Schmidt
Assessor iur.
Mag. iur. (Heidelberg)

www.tredition.de

© 2020 Marcellus Schmidt
2., völlig neu bearbeitete Auflage
Umschlagfoto: © by apops – Fotolia

Verlag und Druck: tredition GmbH, Halenreie 40-44,
22359 Hamburg

ISBN
Paperback: 978-3-347-00914-1
Hardcover: 978-3-347-00915-8
e-Book: 978-3-347-00916-5

Inhaltsverzeichnis

Vorwort zur 2. Auflage

Dieses Buch stellt alle Verbraucherschlichtungsstellen vor. Es dient allgemein der Orientierung und unterstützt den Leser dabei, in einer Verbraucherstreitigkeit außergerichtlich seine Rechte zu wahren.

Schlichtungsstellen bilden das Rückgrat der außergerichtlichen Streitbeilegung. Sie wurden und werden zwangsweise oder freiwillig für bestimmte Streitigkeiten eingerichtet. Ihr Zweck ist es, durch Einsatz eines neutralen Dritten, eines Streitmittlers, eine sachgerechte Einigung zwischen Konfliktparteien herbeizuführen.

Die Streitbeilegungsverfahren führen zumeist mit der Materie vertraute Fachleute, die aber in der Regel über keine Entscheidungsgewalt verfügen. Die zugehörigen Verfahrensordnungen sehen allerdings in einigen Fällen vor, dass Schlichtungssprüche verbindlich sind. Ein Beispiel sind private Banken, die dem Ombudsverfahren der privaten Banken angeschlossen sind - sie akzeptieren Schlichtungssprüche bis zu einem Beschwerdewert von 10.000 Euro.

Verbrauchern steht - auch nach einem Spruch der Schlichtungsstelle – immer der Rechtsweg offen. Für sie sind die Verfahren auch stets gebührenfrei.

Alle Verfahren zur außergerichtlichen Streitbeilegung kann der Verbraucher eigenständig betreiben, keine Stelle schreibt juristische Vertretung vor. Bei einem Konflikt um Finanzdienstleistung und bei höherem Streitwert kann es hingegen sehr sinnvoll sein, schon für das Schlichtungsverfahren Rechtsrat einzuholen und einen

Rechtsanwalt als Beistand bzw. Interessenvertreter zu beauftragen. Die Schlichtungsstellen selbst erbringen ausnahmslos keine Rechtsberatung.

Eine Variante der außergerichtlichen Streitbeilegung soll nicht unerwähnt bleiben: die Mediation.[1] Dieses Verfahren bietet die *Außergerichtliche Streitbeilegungsstelle für Verbraucher und Unternehmer* aktiv zusätzlich an und setzt hierfür Zertifizierte Mediatoren ein.

---

1   Mediation (lat. „Vermittlung") ist ein eigenständiges Verfahren, das für sehr viele Konfliktbereiche geeignet ist. In einem vertraulichen und strukturierten Verfahren streben die Parteien mit Hilfe eines Mediators freiwillig und **eigenverantwortlich** eine einvernehmliche Beilegung ihres Konflikts an.

Das Angebot

Gibt es Streit aus einem Vertrag zwischen einem **Unternehmer**[2] und einem **Verbraucher**[3] (oder über das Bestehen eines solchen Vertragsverhältnisses) und soll dieser Streit bei einer **staatlich anerkannten Verbraucherschlichtungsstelle** beigelegt werden, eröffnen sich mehrere Varianten.

Empfehlungen zum richtigen Vorgehen:

Es sind **Allgemeine Verbraucherschlichtungsstellen** (Abschnitt **B**) und solche mit einer eingeschränkten Zuständigkeit eingerichtet, die das Buch als **Besondere Schlichtungsstellen** (Abschnitt **A**) vorstellt. Bei Letzteren handelt es sich um *branchenspezifische* Einrichtungen. Eine weitere Unterscheidung sind *privatrechtlich organisierte* und *behördliche* (staatliche) Verbraucherschlichtungsstellen. Das System der Verbraucherschlichtung hat den privatrechtlich organisierten Verbraucherschlichtungsstellen grundsätzlich den Vorrang eingeräumt.

---

2   § 14 Abs. 1 BGB: „Unternehmer ist eine natürliche oder juristische Person oder eine rechtsfähige Personengesellschaft, die bei Abschluss eines Rechtsgeschäfts in Ausübung ihrer gewerblichen oder selbständigen beruflichen Tätigkeit handelt."

3   § 13 BGB: „Verbraucher ist jede natürliche Person, die ein Rechtsgeschäft zu Zwecken abschließt, die überwiegend weder ihrer gewerblichen noch ihrer selbständigen beruflichen Tätigkeit zugerechnet werden können."

Dabei ist zu beachten: Nicht jede Schlichtungs-, Vermittlungs-, Einigungs-, Beschwerde-, Schieds-, Ombudsstelle ist eine Verbraucherschlichtungsstelle. **„Verbraucherschlichtungsstelle"** ist vielmehr ein *geschützter Begriff*. Nach gesetzlicher Definition darf sich so nur eine Einrichtung bezeichnen, die

- Verfahren zur außergerichtlichen Beilegung zivilrechtlicher Streitigkeiten durchführt, an denen Verbraucher oder Unternehmer als Antragsteller oder Antragsgegner beteiligt sind, und die
- nach Gesetz oder auf Grund anderer Rechtsvorschriften als Verbraucherschlichtungsstelle anerkannt, beauftragt oder eingerichtet worden ist.[4]

I. Für ein breites Spektrum an Verbraucherstreitigkeiten kann man die private **Außergerichtliche Streitbeilegungsstelle für Verbraucher und Unternehmer** wählen, z. B. bei einer Streitigkeit zwischen Reiseveranstalter und Reisendem. Immer muss sich der Gegner ebenfalls (vorab oder nach Einleitung des Verfahrens) mit der Wahl der Schlichtungsstelle einverstanden erklären.

II. Ist ein **Wirtschaftsbereich** und ein Sachverhalt betroffen, zu dem im Inhaltsverzeichnis unter Abschnitt **A** eine **Besondere Verbraucherschlichtungsstelle**

---

[4] Vgl. § 2 Abs. 1 und 2 Verbraucherstreitbeilegungsgesetz (VSBG)

aufgeführt ist, kommt *sie* für das Verfahren in Betracht. Es kann ihr nach *Rechtsvorschriften* eine **vorrangige** Zuständigkeit eingeräumt sein, beispielsweise dem Versicherungsombudsmann.[5]

Hat man zum eigenen Streitthema unter **A** eine passende Besondere Verbraucherschlichtungsstelle ausgemacht, sollte man im entsprechenden Kapitel nachlesen und die dortigen Informationen auswerten und – sofern die Stelle *tatsächlich* einschlägig ist – den Antrag an die gefundene Verbraucherschlichtungsstelle übermitteln, z. B. online. Hierzu stets die jeweilige Verfahrensordnung bzw. die für die Stelle genannten evtl. weiteren Regelungen heranziehen und beachten, also z. B. Voraussetzungen, Ablehnungsgründe, Wertgrenze usw.

III. Ist zwar der *Wirtschaftsbereich* gefunden, eine Besondere Verbraucherschlichtungsstelle aber *erkennbar* nicht zuständig, z. B. weil eine Streitigkeit mit einer exotischen Auslandsreisekrankenversicherung nicht vom Ombudsmann Private Kranken- und Pflegeversicherung geschlichtet werden kann, da diese Versicherung dem dortigen Schlichtungsverfahren nicht angeschlossen ist, besteht eine **Auffangzuständigkeit** einer **Allgemeinen Verbraucherschlichtungsstelle** nach Abschnitt **B**.

IV. Ist es hingegen *nicht erkennbar*, welche Stelle zur Schlichtung berufen ist, wählt man diejenige, die es wahrscheinlich ist. Sollte man sich getäuscht haben, wird

---

5   Vorrangzuständigkeit z. B. nach § 191f BRAO, § 14 UKlaG (vgl. Anhang), § 111b EnWG, § 214 VVG

die angerufene Stelle den Antrag an die von ihr herausgefundene zuständige Stelle *abgeben* und den Antragsteller darüber informieren oder den Antrag *zurückgeben* (Letzteres z. B. bei einem Auslandsbezug außerhalb des Europäischen Wirtschaftsraums, wenn es keine Zuständigkeit gibt).

V. Betrifft das Streitthema einen **Wirtschaftsbereich**, zu dem unter Abschnitt **A** keine Besondere Schlichtungsstelle aufgeführt ist (beispielsweise der Bereich Touristik), dann weiter zu Abschnitt **B Allgemeine Verbraucherschlichtungsstellen**. Dort hat der Beschwerdeführer grundsätzlich[6] die Wahl zwischen der **Außergerichtlichen Streitbeilegungsstelle für Verbraucher und Unternehmer** und der **Universalschlichtungsstelle des Bundes**. In und mit Bezug zu Nordrhein-Westfalen schlichtet allgemein auch die Anwaltliche Verbraucherschlichtungsstelle NRW e. V.

VI. Die **OS-Plattform** nutzen

Zur Beilegung von verbraucherrechtlichen Streitigkeiten wegen online abgeschlossener Kauf- und Dienstleistungsverträge zwischen einem in der EU wohnhaften Verbraucher und einem in der EU niedergelassenen Unterneh-

---

[6] Die Wahl besteht dann nicht, wenn der Universalschlichtungsstelle des Bundes die Schlichtungszuständigkeit ausdrücklich zugewiesen ist. Streitigkeiten, für deren Beilegung Verbraucherschlichtungsstellen nach anderen Rechtsvorschriften als denen des Verbraucherstreitbeilegungsgesetzes anerkannt, beauftragt oder eingerichtet werden, kann die Streitbeilegungsstelle ebenfalls nicht schlichten, siehe im Einzelnen die Ausführungen im Kapitel zur Streitbeilegungsstelle für Verbraucher und Unternehmer.

mer können Verbraucher und Unternehmen die **Europäische Plattform für Online-Streitbeilegung (OS-Plattform)** nutzen. Für Verbraucher bietet die OS-Plattform die Möglichkeit, ein Problem in direktem Kontakt mit dem Unternehmer zu lösen, sofern der Unternehmer zu einem Gespräch bereit ist. Auch kann die Plattform zur Vereinbarung einer Streitbeilegungsstelle genutzt werden. Führt ein Verfahren dort nicht weiter, bemüht sich der OS-Berater darum, eine anderweitige Stelle zur außergerichtlichen Streitbeilegung aufzuzeigen.

Information im Internet:
https://ec.europa.eu/consumers/odr/main

VII. Nach **Unternehmensinformation**

Auf der Impressum- oder Kontaktseite der Website eines Unternehmens mit mehr als zehn Beschäftigten sollte nach den Vorschriften[7] ein Hinweis zu finden sein, ob es an einem Schlichtungsverfahren teilnimmt. Dort steht schon die *genaue Angabe* der Schlichtungsstelle, an die man sich als Verbraucher wenden kann, bzw. es findet sich der – auch bereits für alle Einzelunternehmer in der EU mit Website – obligatorische Verweis auf die OS-Plattform.

Sofern sich ein Unternehmer verpflichtet hat oder verpflichtet ist (z. B. Energieversorgungsunternehmen), an einem Schlichtungsverfahren teilzunehmen, müssen auch seine Allgemeinen Geschäftsbedingungen (sofern er sol-

---

[7]   §§ 36, 37 Verbraucherstreitbeilegungsgesetz (VSBG)

che verwendet) in jedem Fall einen Verweis auf das Bestehen der OS-Plattform enthalten sowie darauf, dass
Verbraucher diese nutzen können.

VIII. Auslandsbezug

Gibt es bei einer Streitigkeit um eine **Finanzdienstleistung**[8] einen Auslandsbezug, ist eine Orientierung bezüglich des **Europäischen Netzwerks Schlichtungsstellen Finanzdienstleistungen (FIN-NET)** angera-
ten, siehe **Anhang**.

---

[8] Dies sind Verträge über Bankdienstleistungen sowie Dienstleistungen im
Zusammenhang mit einer Kreditgewährung, Versicherung,
Altersversorgung von Einzelpersonen, Geldanlage oder Zahlung.

A. Besondere Verbraucherschlichtungsstellen

I. Privatrechtlich organisierte Stellen

Versicherungsombudsmann

Der Versicherungsombudsmann hat die Aufgabe, Streitigkeiten zwischen **Verbrauchern** und Versicherungsunternehmen beizulegen. Zudem besteht eine Zuständigkeit für Beschwerden, die einen eigenen vertraglichen Anspruch des Verbrauchers aus einem Realkreditvertrag betreffen.

Für Beschwerden gegen die Träger der *Sozialversicherung* (gesetzliche Krankenkassen, gesetzliche Rentenversicherung, Berufsgenossenschaften und Arbeitslosenversicherung) ist der Ombudsmann *nicht* zuständig. Diese Träger werden von anderen staatlichen Stellen, wie etwa vom Bundesversicherungsamt, kontrolliert.

Kleinunternehmer (Unternehmer, die sich „in einer verbraucherähnlichen Lage" befinden) können sich ebenfalls beschweren, unabhängig davon, ob eine gewerbliche oder sonstige selbständige Tätigkeit ausgeübt wird. Der Ombudsmann entscheidet in diesem Fall nach Ermessen, ob er sich damit befasst.

Für die Private Kranken- und Pflegeversicherung besteht eine andere Zuständigkeit, siehe **Ombudsmann Private Kranken- und Pflegeversicherung**.

Schließlich können Verbraucher Beschwerden gegen Versicherungsvermittler (einschließlich Versicherungsmakler) und behördlich zugelassene Versicherungsberater an den Ombudsmann richten (siehe dazu unten 2.)

1. Beschwerden gegen Versicherungsunternehmen

Voraussetzungen: Der Beschwerdeführer muss den Anspruch zuvor beim Beschwerdegegner geltend gemacht haben, ansonsten wird die Beschwerde nicht behandelt. Das Versicherungsunternehmen muss dem Ombudsverfahren angeschlossen sein, bei fast allen Versicherungen im Privatkundengeschäft ist das der Fall. Die Beschwerdesumme darf 100.000 Euro nicht übersteigen.

Verfahren: Beschwerden können online eingereicht werden. Maßgeblich ist die Verfahrensordnung des Versicherungsombudsmanns (VomVO).

Grenzüberschreitende Fälle: Die Schlichtungsstelle nimmt an dem **FIN-NET** teil (siehe Abschnitt **D**). Dabei handelt es sich um ein grenzüberschreitendes Europäisches Netzwerk für außergerichtliche Streitbeilegung im Bereich Finanzdienstleistungen, dem mittlerweile 60 nationale Schlichtungsstellen aus 27 Ländern angehören. Ist also ein Verbraucher in eine Streitigkeit mit einem Versicherungsunternehmen bzw. Finanzdienstleister in einem anderen Land der EU, in Großbritannien, Norwegen, Island oder Liechtenstein verwickelt, stellt die Schlichtungsstelle für ihn den Kontakt zur zuständigen außergerichtlichen Schiedsstelle des Auslands her und gibt ihm die erforderlichen Informationen.

Rechtswirkungen: Bei ordnungsgemäßer Anrufung der Schlichtungsstelle können keine Rechtsnachteile eintreten, wie endgültige Versagung des Anspruchs oder Verjährung – die Verjährung wird für die Dauer des Verfahrens gehemmt. Eine Frist für die Einlegung einer Beschwerde besteht nicht; wartet man zu lange, kann der Anspruch, um den es geht, aber verjährt sein.

Entscheidungen des Ombudsmanns zugunsten des Verbrauchers oder Kleinunternehmers sind **für die Versicherer bis zu einem Betrag von 10.000 Euro bindend**. Bei Beträgen ab 10.000 Euro spricht der Ombudsmann eine Empfehlung aus, welcher nach Angabe der Schiedsstelle die Versicherungsunternehmen zumeist folgen. Der Verbraucher kann entscheiden, ob er den Schiedsspruch annimmt oder nicht – der Weg zu den Gerichten bleibt für ihn immer offen.

Zahlen: Im Jahr **2018** erreichten den Ombudsmann 14.147 zulässige Beschwerden gegen Versicherungsunternehmen. 26,8 Prozent, d. h. die meisten Beschwerden, betrafen die Rechtsschutzversicherung. Die Erfolgsquote in der Sparte Lebensversicherung lag bei 26,2 Prozent, in den übrigen Sparten bei 44,1 Prozent. Die Verfahrensdauer betrug durchschnittlich 2,6 Monate.

283 Beschwerden gingen gegen Versicherungsvermittler ein.

Kosten: Für Verbraucher und Kleinunternehmer gebührenfrei

Typ der Schlichtungsstelle: privatrechtlich, staatlich anerkannt

Information im Internet:
https://www.versicherungsombudsmann.de

Kontakt:

Versicherungsombudsmann e. V.
Postfach 080632
10006 Berlin

Telefon: 0800 3696000 (gebührenfrei, Montag bis Freitag von 8.30 bis 17.00 Uhr)
E-Mail: beschwerde@versicherungsombudsmann.de

Hinweis: Versicherungsunternehmen unterliegen auch einer direkten **staatlichen Aufsicht**.

• Zuständig ist regelmäßig die Bundesanstalt für Finanzdienstleistungsaufsicht (**BaFin**). Sie kann prüfen, ob gegen ein Unternehmen aufsichtsrechtliche Maßnahmen zu ergreifen sind. Die BaFin ist in Versicherungsangelegenheiten aber **keine Schiedsstelle**, entscheidet keine Streitfälle, leistet keine Rechtsberatung und teilt auch nicht mit, was ihre etwaige Prüfung ergeben hat. Wie auch der Ombudsmann ist die BaFin nicht für Beschwerden gegen die Träger der

Sozialversicherung (gesetzliche Krankenkassen, gesetzliche Rentenversicherung, Berufsgenossenschaften und Arbeitslosenversicherung) zuständig.

- Unter Aufsicht der *Bundesländer* stehen die öffentlich-rechtlichen Versicherer, deren Tätigkeit auf das jeweilige Bundesland beschränkt ist, und die etwa 700 meist regional tätigen kleineren Versicherungsvereine auf Gegenseitigkeit (VVaG). Eine Einzelfallprüfung von Verträgen und deren rechtliche Bewertung leisten die Aufsichtsbehörden der Länder nicht.

Die vom Bundesamt für Justiz als Allgemeine Verbraucherschlichtungsstelle anerkannte *Außergerichtliche Streitbeilegungsstelle für Verbraucher und Unternehmer e. V. (SVU)* ist nach Auffassung des Versicherungsombudsmanns für die Schlichtung von versicherungsvertraglichen Streitigkeiten sowie für Streitigkeiten zwischen Versicherungsvermittlern und Versicherungsnehmern *nicht* (alternativ) zuständig. (Jahresbericht 2018 des Ombudsmanns für Versicherungen, S. 19 f.)

2. Beschwerden gegen Versicherungsvermittler, -makler und Versicherungsberater

Beschwerdebefugt sind Versicherungsnehmer, außerdem Interessenten, mit denen eine Versicherung nicht zustande kam, sowie Verbraucherschutzverbände.

Beschwerden müssen im Zusammenhang mit der Vermittlung eines Versicherungsvertrages stehen.

Der Versicherungsvermittler ist – anders als die dem Verein Versicherungsombudsmann e. V. angeschlossenen Versicherungsunternehmen – frei, ob er eine Entscheidung des Ombudsmanns annimmt. Aufmerksamkeit verdient die Frage der Verjährung eines geltend gemachten Anspruchs, darum kümmert sich der Ombudsmann nicht.

Verfahren: Verfahrensordnung für Beschwerden im Zusammenhang mit der Vermittlung von Versicherungsverträgen (VermVO). Als *Versicherungsberater* werden in der Verfahrensordnung Personen bezeichnet, die über eine besondere behördliche Zulassung nach § 34d Absatz 2 der Gewerbeordnung verfügen.[9]

Alternative: Steht eine Streitigkeit im Zusammenhang mit einer Vermittlung oder Beratung eines Versicherungsgeschäfts, sind Gegner also vornehmlich Versicherungsmakler oder Mehrfachagenten, die nicht im Auftrag eines einzelnen Versicherungsunternehmens tätig sind, besteht eine Alternative zur Schlichtung durch den Versicherungsombudsmann. Es ist dies die *Schlichtungsstelle für gewerbliche Versicherungs-, Anlage- und Kre-*

---

[9]   Definition des Versicherungsberaters in § 59 Abs. 4 Versicherungsvertragsgesetz: „Versicherungsberater im Sinn dieses Gesetzes ist, wer gewerbsmäßig Dritte bei der Vereinbarung, Änderung oder Prüfung von Versicherungsverträgen oder bei der Wahrnehmung von Ansprüchen aus Versicherungsverträgen im Versicherungsfall berät oder gegenüber dem Versicherer außergerichtlich vertritt, ohne von einem Versicherer einen wirtschaftlichen Vorteil zu erhalten oder in anderer Weise von ihm abhängig zu sein. Die §§ 1a, 6a, 7a, 7b und 7c gelten für Versicherungsberater entsprechend."

ditvermittlung, eine Schlichtungsstelle für Finanzvermittler, die im Jahr 2018 staatlich anerkannt wurde. Wird diese Schlichtungsstelle angerufen, wird der Versicherungsombudsmann satzungsgemäß weder gleichzeitig noch nachfolgend in der Sache tätig werden, sollte er ebenfalls eine Beschwerde erhalten.

Dagegen sollen gemäß einer Absprache des Versicherungsombudsmanns und der soeben genannten Schlichtungsstelle für Finanzvermittler Beschwerden gegen ein Versicherungsunternehmen, dem ein Handeln eines Versicherungsvertreters zugrunde liegt, *das dem Unternehmen zuzurechnen ist*, nur vom Versicherungsombudsmann (als Unternehmensbeschwerde) behandelt werden.

Ombudsmann Private Kranken- und Pflegeversicherung

Der Ombudsmann schlichtet Streitigkeiten von **Versicherungsnehmern** mit **Unternehmen der Privaten Kranken- und Pflegeversicherung** sowie Streitigkeiten mit **Versicherungsvermittlern** und **Versicherungsberatern**.

Typische **Themenbereiche**, in denen Meinungsverschiedenheiten auftreten:

• Beitragsanpassung, Beitragshöhe (Schwerpunkt)

• Medizinische Notwendigkeit (Schwerpunkt)

• Gebührenstreit

• Verletzung der vorvertraglichen Anzeigepflicht

• Tarifwechsel

• Physiotherapie

• Zahnzusatzversicherungen

• Versicherungsfall vor Versicherungsbeginn

• Professionelle Zahnreinigung

• Beratungs- und Informationspflichten

Voraussetzungen: Der Beschwerdegegenstand muss sich auf eine Private Kranken- oder Pflegeversicherung und die sich bei ihrer Durchführung ergebenden Fragen beziehen. Private Kranken- oder Pflegeversicherungen in diesem Sinne sind insbesondere die Krankheitskosten-vollversicherung (Schwerpunkt bei Beschwerden), die Krankenzusatzversicherung, die Krankentagegeldversicherung, die Private Pflegepflichtversicherung, schließlich die Auslandskrankenversicherung. Das betreffende Krankenversicherungsunternehmen muss Mitglied im Verband der Privaten Krankenversicherung e. V. sein – eine Übersicht der angeschlossenen Unternehmen verzeichnet die Website des Ombudsmanns.

Bei Beschwerden, die sich gegen **Versicherungsvermittler** richten, kann nur eine *schlechte Leistung* anlässlich einer erfolgten oder versuchten *Vermittlung* einer Privaten Kranken- oder Pflegeversicherung gerügt werden (nicht z. B. eine ungenügende Schadensregulierung). Beschwerden gegen Personen, die über eine besondere behördliche Zulassung nach § 34d Absatz 2 der Gewerbeordnung verfügen (**Versicherungsberater**[10]), können nur behandelt werden, wenn es sich um eine erfolgte oder versuchte *Beratung* im Zusammenhang mit einer Privaten Kranken- und Pflegeversicherung handelt.

---

10 Definition in § 59 Abs. 4 Versicherungsvertragsgesetz (VVG): „Versicherungsberater im Sinn dieses Gesetzes ist, wer gewerbsmäßig Dritte bei der Vereinbarung, Änderung oder Prüfung von Versicherungsverträgen oder bei der Wahrnehmung von Ansprüchen aus Versicherungsverträgen im Versicherungsfall berät oder gegenüber dem Versicherer außergerichtlich vertritt, ohne von einem Versicherer einen wirtschaftlichen Vorteil zu erhalten oder in anderer Weise von ihm abhängig zu sein. Die §§ 1a, 6a, 7a, 7b und 7c gelten für Versicherungsberater entsprechend."

Verfahren: Der streitige Anspruch muss zuvor gegenüber dem Beschwerdegegner lediglich einmal *geltend gemacht* worden sein. Das heißt, es ist nicht nötig, wegen des streitigen Anspruchs noch einmal zu reklamieren. Das Statut des Ombudsmanns enthält weitere Voraussetzungen. Eine Beschwerde kann online eingelegt werden. Einzelheiten zu weiteren Voraussetzungen und Ablehnungsgründen enthält die Verfahrensordnung des Ombudsmanns.

Rechtswirkungen: Der Ombudsmann spricht zur Beilegung der Streitigkeit unverbindliche Empfehlungen aus. Er erteilt keine allgemeinen Rechtsauskünfte. Die Verjährung eines Anspruchs ist vom Beginn des Tages, an dem die Beschwerde bei dem Ombudsmann eingeht, bis zum Ende des Tages, an dem die Mitteilung über die Beendigung oder Ablehnung des Beschwerdeverfahrens dem Beschwerdeführer zugeht, gehemmt.

Zahlen: Im Jahr **2018** gingen 7.348 Beschwerden ein – ein kontinuierlicher Anstieg seit Jahren. Bei rund 75 Prozent der eingereichten Beschwerden wurde 2018 keine Einigung erreicht. Der Grund für die geringe Einigungsquote liegt nach Aussage des Ombudsmanns darin begründet, dass an ihn zahlreiche Begehren herangetragen würden, bei denen der Schwerpunkt der Tätigkeit des Ombudsmanns im Ergebnis darin bestehe, den Versicherungsnehmern ihren Versicherungsvertrag zu erläutern und Fehlvorstellungen aufzuklären. Auch hier versuche er eine Schlichtung, aber aufgrund der Anliegen sei eine solche in diesen Fällen regelmäßig nicht zu erzielen. (*Quelle:* Tätigkeitsbericht 2018)

Kosten: für die Beteiligten gebührenfrei

Typ der Schlichtungsstelle: privatrechtlich, staatlich anerkannt

Information im Internet:
https://www.pkv-ombudsmann.de

Kontakt:

Ombudsmann Private Kranken- und Pflegeversicherung
Postfach 060222
10052 Berlin

Telefon: 0800 2550444 (gebührenfrei)
E-Mail: ombudsmann@pkv-ombudsmann.de

Hinweis: Unternehmen der Privaten Kranken- und Pflegeversicherung unterliegen auch einer direkten **staatlichen Aufsicht**.

• Versicherungsnehmer können sich vorgeschaltet, parallel oder alternativ an die Bundesanstalt für Finanzdienstleistungsaufsicht (**BaFin**) wenden. Diese kann prüfen, ob gegen ein Unternehmen aufsichtsrechtliche Maßnahmen zu ergreifen sind. Die BaFin ist in Versicherungsangelegenheiten aber **keine Schiedsstelle**, entscheidet keine Streitfälle, leistet keine Rechtsberatung und teilt auch nicht mit, was ihre etwaige Prüfung ergeben hat. Wie der Ombudsmann, so ist auch die BaFin nicht für Beschwerden gegen die Träger der *Sozialversicherung*, wie z. B. die gesetzlichen Krankenkassen, zuständig.

- Unter Aufsicht der *Bundesländer* stehen die öffentlich-rechtlichen Versicherer, deren Tätigkeit auf das jeweilige Bundesland beschränkt ist, und die etwa 700 meist regional tätigen kleineren Versicherungsvereine auf Gegenseitigkeit (VVaG). Eine Einzelfallprüfung von Verträgen und deren rechtliche Bewertung leisten die Aufsichtsbehörden der Länder nicht.

Gegen andere europäische Private Krankenversicherungen, die nicht Mitglied im Verband der Privaten Krankenversicherung e. V., aber dem **Beschwerdenetzwerk der Europäischen Kommission in Finanzdienstangelegenheiten (FIN-NET)** angeschlossen sind, kann dieses grenzüberschreitende außergerichtliche Netzwerk für Beschwerden eingeschaltet werden, siehe Abschnitt **D**.

Für Beschwerden hinsichtlich des Leistungsgeschehens in den **Arztpraxen** sowie für Probleme mit weiteren **Leistungserbringern** und mit **Krankenhäusern** ist der Ombudsmann *nicht* zuständig. Ansprechpartner ist diesbezüglich die jeweilige Private Kranken- und Pflegeversicherung bzw. die Krankenkasse, der man angehört – dorthin sollte man sich schriftlich wenden. Für Schlechtleistung und Behandlungsfehler von Ärzten ist die jeweilige Landesärztekammer zuständig.

Alternative: Hinsichtlich Beschwerden, die sich auf die *Vermittlung* von Krankenversicherungen beziehen, reklamiert auch die im Jahr 2018 staatlich anerkannte **Schlichtungsstelle für gewerbliche Versicherungs-, Anlage- und Kreditvermittlung** eine Zuständigkeit.

Für andere Personen- und Sachversicherungen besteht grundsätzlich und vorrangig eine Zuständigkeit des **Versicherungsombudsmanns**.

Schlichtungsstelle beim deutschen Sparkassen- und Giroverband

An die Schlichtungsstelle des Deutschen Sparkassen- und Giroverbandes können sich sowohl **Verbraucher** als auch **Unternehmen**[11] bei Meinungsverschiedenheiten aller Art mit den Instituten der Sparkassen-Finanzgruppe wenden. Umfasst sind hier insbesondere Streitigkeiten nach § 14 Absatz 1 Satz 1 des Unterlassungsklagengesetzes (Text siehe **Anhang**). Ebenso sind **Nichtkunden** beschwerdeberechtigt, denen die Einrichtung eines Girokontos auf Guthabenbasis („Bürgerkonto") verweigert wurde.

Gegenstand der Beschwerde können alle Produkte und Dienstleistungen eines der Schlichtungsstelle angeschlossenen Instituts sein.

Teilnehmende Institute sind alle Sparkassen mit Ausnahme der Sparkassen in Baden-Württemberg. Dem Schlichtungsverfahren beigetreten sind auch die Landesbank Berlin AG, die DekaBank Deutsche Girozentrale, die S Broker AG & Co. KG, die S-Kreditpartner GmbH, die S Private Banking Dortmund GmbH, die Frankfurter Bankgesellschaft (Deutschland) AG, die Family Office der Frankfurter Bankgesellschaft AG, die S-International Region Nürnberg GmbH & Co. KG, die Sparkassen Immobili-

---

[11] § 14 Abs. 1 BGB: „Unternehmer ist eine natürliche oder juristische Person oder eine rechtsfähige Personengesellschaft, die bei Abschluss eines Rechtsgeschäfts in Ausübung ihrer gewerblichen oder selbständigen beruflichen Tätigkeit handelt."

engesellschaft Hildesheim Goslar Peine mbH, die S-International Business GmbH + Co. KG, die Sparkassen-Immobilienvermittlungs- und -entwicklungsgesellschaft der Sparkasse Westmünsterland mbH und die S-Versicherungspartner GmbH.

Voraussetzungen: Der Kunde soll sich zuvor zwecks Klärung der Streitfrage an die Sparkasse gewandt haben. Er kann aber auch direkt die Schlichtungsstelle anrufen. Eine Schlichtung ist dann nicht möglich, wenn sich bereits ein Gericht oder eine andere außergerichtliche Schlichtungsstelle mit dem Vorgang beschäftigt (hat) oder wenn der Anspruch bereits verjährt ist und sich das Institut auf Verjährung beruft.

Verfahren: Die Verfahren führen in der Regel pensionierte Richter, in jedem Fall Personen mit Befähigung zum Richteramt. Nähere Voraussetzungen bzw. Ablehnungsgründe enthält die Verfahrensordnung.

Grenzüberschreitende Fälle: Die Schlichtungsstelle nimmt an dem **FIN-NET** teil (siehe Abschnitt D). Dabei handelt es sich um ein grenzüberschreitendes Europäisches Netzwerk für außergerichtliche Streitbeilegung im Bereich Finanzdienstleistungen, dem mittlerweile 60 nationale Schlichtungsstellen aus 27 Ländern angehören. Ist also ein Verbraucher in eine Streitigkeit mit einem Finanzdienstleister in einem anderen Land der EU, in Großbritannien, Norwegen, Island oder Liechtenstein verwickelt, stellt die Schlichtungsstelle für ihn den Kontakt zur zuständigen außergerichtlichen Schiedsstelle des

Auslands her und gibt ihm die erforderlichen Informationen.

Rechtswirkungen: Für die Dauer des Schlichtungsverfahrens gilt die Verjährung als gehemmt. Ein Schlichtungsvorschlag ist für keine Seite bindend. Geht es jedoch um die Ablehnung oder Kündigung eines Bürgerkontos, dann erkennen die Institute abweichend hiervon den durch den Ombudsmann ergangenen Schlichtungsvorschlag als verbindlich an. Kann der Konflikt nicht gelöst werden, steht dem Antragsteller nach wie vor die Anrufung des Gerichts offen.

Zahlen: Im Jahr **2018** trafen beim DSGV 1.606 Schlichtungsanträge ein, die in die Zuständigkeit der Schlichtungsstelle beim DSGV fielen. 1.749 Verfahren wurden abgeschlossen. Abgesehen von abgelehnten, zurückgenommenen bzw. nicht weiterverfolgten Anträgen gingen 26 Prozent der Verfahren zugunsten der Beschwerdeführer aus (einschließlich Vergleiche), in 42 Prozent der Fälle entschieden die Schlichter zugunsten der Sparkassen. Die durchschnittliche Gesamtverfahrensdauer betrug etwas weniger als drei Monate. (*Quelle:* Tätigkeitsbericht 2018)

Kosten: für Antragsteller gebührenfrei – für die am Schlichtungsverfahren teilnehmenden Institute gilt eine besondere Kostenordnung.

Typ der Schlichtungsstelle: privatrechtlich, staatlich anerkannt

Gesichtspunkte aus Verbrauchersicht:

- Allgemein ist zu bedenken, dass der Sparkassenverband die Schlichtungsstelle eingerichtet hat und sie finanziert. Er sucht die Schlichter aus und beruft sie. Eine Person, die zum Schlichter berufen wird, darf lediglich in den letzten drei Jahren vor ihrer Bestellung nicht direkt in der Sparkassensphäre tätig gewesen sein.
- Immer kann der Schlichter die Durchführung des Schlichtungsverfahrens ablehnen, wenn er sich darauf beruft, eine grundsätzliche Rechtsfrage, die für die Schlichtung der Streitigkeit (angeblich) erheblich ist, sei nicht geklärt. Hiervon wird auch – de facto zugunsten der Sparkassen – Gebrauch gemacht.
- Die Entscheidung der Schlichtungsstelle lässt grundsätzlich keinen Schluss zu, wie später ein Gericht entscheiden würde.
- Antragsteller, die ohne Rechtsberatung in ein Schlichtungsverfahren gehen, laufen unter Umständen Gefahr, missverständliche Formulierungen zu verwenden, die man ihnen in einem eventuellen späteren Gerichtsverfahren vorhalten kann.
- Angesichts der niedrigen Erfolgsquote für Sparkassenkunden und besonders bei höheren Streitwerten empfiehlt es sich, schon vor einem Schlichtungsverfahren Beratung bzw.

Interessenvertretung durch einen Rechtsanwalt bzw. Fachanwalt für Bank- und Kapitalmarktrecht zu suchen.

Information im Internet: https://www.dsgv.de

Kontakt:
Deutscher Sparkassen- und Giroverband
Schlichtungsstelle
Charlottenstraße 47
10117 Berlin

Telefon: 030 202251510
E-Mail: schlichtung@dsgv.de

Sparkassen-Schlichtungsstelle Baden-Württemberg

Dem Schlichtungsverfahren beigetreten sind alle **Sparkassen in Baden-Württemberg** sowie die Landesbausparkasse **LBS Südwest**.
Es ähnelt dem der **Schlichtungsstelle beim deutschen Sparkassen- und Giroverband e.V.**

Verfahren: nach eigener Verfahrensordnung

Zahlen: Im Jahr **2018** gingen 217 Anträge ein. 202 Anträge bearbeitete die Schlichtungsstelle in dem Jahr abschließend, davon wurden 131 aus unterschiedlichen Gründen abgelehnt. (*Quelle:* Tätigkeitsbericht 2018)

Typ der Schlichtungsstelle: privatrechtlich, staatlich anerkannt
Information im Internet: https://www.sv-bw.de

Kontakt:

Sparkassen-Schlichtungsstelle Baden-Württemberg e. V.
Am Hauptbahnhof 2
70173 Stuttgart

Telefon: 0711 12777843
E-Mail: schlichtung@sv-bw.de

Kundenbeschwerdestelle beim Bundesverband der Deutschen Volksbanken und Raiffeisenbanken

Privatkunden, Firmenkunden und **Nichtkunden** (sofern letzteren nicht antragsgemäß ein Girokonto auf Guthabenbasis eingerichtet wurde) können bei Konflikten das Schlichtungsverfahren des Bundesverbandes der Deutschen Volksbanken und Raiffeisenbanken (BVR) in Anspruch nehmen. Das Verfahren gilt somit nicht für Privatbanken, private Hypothekenbanken, Sparkassen und öffentliche Banken.

Betroffen sind insbesondere Streitigkeiten nach § 14 Absatz 1 Satz 1 des Unterlassungsklagengesetzes. (Text siehe **Anhang**)

Voraussetzungen: Zunächst muss die Bank Mitglied im BVR sein und sich dem Verfahren angeschlossen haben. Ob dies der Fall ist, kann man über ein Suchfeld auf der Website der Schlichtungsstelle abfragen. Eine Schlichtung ist dann nicht möglich, wenn sich bereits ein Gericht oder eine andere außergerichtliche Schlichtungsstelle mit dem Vorgang beschäftigt (hat). Ist eine Beweisaufnahme erforderlich, können nur Urkunden als Beweis vorgelegt werden. Weitere Voraussetzungen und Einschränkungen enthält die Verfahrensordnung.

Verfahren: Verfahrensordnung für die außergerichtliche Schlichtung von Kundenbeschwerden im Bereich der deutschen genossenschaftlichen Bankengruppe. Der Antrag kann online gestellt werden.

Grenzüberschreitende Fälle: Die Schlichtungsstelle nimmt an dem Europäischen Netzwerk Schlichtungsstellen Finanzdienstleistungen **(FIN-NET)** teil (siehe Abschnitt D). Dabei handelt es sich um ein grenzüberschreitendes Europäisches Netzwerk für außergerichtliche Streitbeilegung im Bereich Finanzdienstleistungen. Ist also ein Verbraucher in eine Streitigkeit mit einem Finanzdienstleister in einem anderen Land der EU, in Großbritannien, Norwegen, Island oder Liechtenstein verwickelt, stellt die Schlichtungsstelle für ihn den Kontakt zur zuständigen außergerichtlichen Schiedsstelle des Auslands her und gibt ihm die erforderlichen Informationen.

Rechtswirkungen: Ein Schlichtungsvorschlag ist für keine Seite verbindlich. Kann der Konflikt nicht gelöst werden, steht beiden Parteien nach wie vor die Anrufung des Gerichts offen. Besondere Aufmerksamkeit verdient die Frage der Verjährung eines streitgegenständlichen Anspruchs während des Schlichtungsverfahrens. Die undatierte Verfahrensordnung, die der BVR online gestellt hat, enthält dazu keine Aussage.[12]

Zahlen: Im Jahr **2018** gingen 1.173 Anträge ein. Die Beschwerden betrafen hauptsächlich das Kreditgeschäft und die Kontoführung. 1.215 Anträge bearbeitete die Schlichtungsstelle in dem Jahr abschließend, davon blie-

---

[12]   Stand: Dezember 2019

ben 741 Verfahren aus unterschiedlichen Gründen ergebnislos. Die durchschnittliche Dauer der Verfahren betrug 92 Tage. (*Quelle:* Tätigkeitsbericht 2018)

Kosten: Für Verbraucher gebührenfrei

Typ der Schlichtungsstelle: privatrechtlich, staatlich anerkannt

Gesichtspunkte aus Verbrauchersicht:

- Allgemein ist zu bedenken, dass die genossenschaftliche Bankengruppe die Schlichtungsstelle eingerichtet hat und finanziert. Sie sucht die Schlichter aus und beruft sie.
- Immer kann der Schlichter die Durchführung des Schlichtungsverfahrens ablehnen, wenn er sich darauf beruft, eine grundsätzliche Rechtsfrage, die für die Schlichtung der Streitigkeit (angeblich) erheblich ist, sei nicht geklärt. Hiervon wird auch – de facto zugunsten der Banken – Gebrauch gemacht.
- Die Entscheidung einer Schlichtungsstelle lässt grundsätzlich keinen Schluss zu, wie ein Gericht entscheiden würde.
- Kunden, die ohne Rechtsberatung in ein Schlichtungsverfahren gehen, laufen unter Umständen Gefahr, missverständliche Formulierungen zu verwenden, die man ihnen in

einem eventuellen späteren Gerichtsverfahren vorhalten kann.

- Angesichts der niedrigen Erfolgsquote für Bankkunden und besonders bei höheren Streitwerten ist es empfehlenswert, schon vor einem Schlichtungsverfahren Beratung bzw. Interessenvertretung durch einen Rechtsanwalt bzw. Fachanwalt für Bank- und Kapitalmarktrecht zu suchen.

Information im Internet: https://www.bvr.de/Service/Kundenbeschwerdestelle

Kontakt:

Kundenbeschwerdestelle beim Bundesverband der Deutschen Volksbanken und Raiffeisenbanken (BVR)
Schellingstraße 4
10785 Berlin

Telefon 030 20211639
E-Mail: kundenbeschwerdestelle@bvr.de

Ombudsmann der privaten Banken

Meinungsverschiedenheiten zwischen **Verbrauchern**[13] und privaten Banken schlichtet der Ombudsmann der privaten Banken. Zu den privaten Banken gehören zum Beispiel die Deutsche Bank, die Commerzbank, die Postbank, nicht jedoch die Sparkassen, nicht die Volks- und Raiffeisenbanken, nicht öffentliche Banken.

Betroffen sind insbesondere Streitigkeiten nach § 14 Absatz 1 Satz 1 des Unterlassungsklagengesetzes (Text siehe **Anhang**). Die Zuständigkeit ist nicht auf Verbraucher beschränkt, wenn die Streitigkeit in den Anwendungsbereich der Vorschriften über Zahlungsdienste (§§ 675c bis 676c BGB) fällt. Im Vordergrund stehen Streitigkeiten in Bezug auf die Abwicklung von Wertpapiergeschäften, Kreditgeschäfte / -abrechnungen, Zahlungsverkehr, Überweisungen, Kontoführung, überhöhte Dispozinsen.

Voraussetzungen: Die betroffene Bank muss dem Bundesverband deutscher Banken angehören und sich dem Verfahren angeschlossen haben; ob dies der Fall ist, kann man auf der Website der Ombudsstelle unter „Teilnehmende Banken" abfragen.

---

13   § 13 BGB: „Verbraucher ist jede natürliche Person, die ein Rechtsgeschäft zu Zwecken abschließt, die überwiegend weder ihrer gewerblichen noch ihrer selbständigen beruflichen Tätigkeit zugerechnet werden können."

Wenn sich ein Gericht bereits mit der Beschwerde befasst (hat), greifen die Schlichter nicht ein. Abgelehnt werden kann die Durchführung eines Verfahrens u. a. auch dann, wenn Tatsachen, die für den Inhalt eines Schlichtungsvorschlags entscheidend sind, im Schlichtungsverfahren streitig bleiben, weil der Sachverhalt von der Schlichtungsstelle nicht geklärt werden kann. Auch steht das Ombudsmannverfahren dem Antragsteller bei Streitigkeiten über den Anspruch auf Abschluss eines Basiskontovertrags nach dem Zahlungskontengesetz nicht zur Verfügung, sofern er bereits ein Verwaltungsverfahren bei der Bundesanstalt für Finanzdienstleistungsaufsicht nach den Vorschriften der §§ 48 bis 50 Zahlungskontengesetz eingeleitet hat.

Die Verfahrensordnung enthält weitere Voraussetzungen und Ablehnungsgründe.

Verfahren: Verbraucher können sich *unmittelbar* an den Ombudsmann wenden. Das heißt, es ist nicht erforderlich, zunächst bei der betroffenen Bank zu reklamieren und dort eine Einigung zu suchen. Eine Beschwerde kann online eingereicht werden. Maßgebend ist die Verfahrensordnung des Ombudsmanns der privaten Banken. Die Ombudsleute leisten keine individuelle Rechtsberatung.

Grenzüberschreitende Fälle: Die Schlichtungsstelle nimmt an dem Europäischen Netzwerk Schlichtungsstellen Finanzdienstleistungen **(FIN-NET)** teil (siehe Abschnitt **D**). Dabei handelt es sich um ein grenzüberschreitendes Europäisches Netzwerk für außergerichtliche Streitbeilegung im Bereich Finanzdienstleistungen. Ist

also ein Verbraucher in eine Streitigkeit mit einem Finanzdienstleister in einem anderen Land der EU, in Großbritannien, Norwegen, Island oder Liechtenstein verwickelt, stellt die Schlichtungsstelle für ihn den Kontakt zur zuständigen außergerichtlichen Schiedsstelle des Auslands her und gibt ihm die erforderlichen Informationen.

Rechtswirkungen: Die Verjährung eines Anspruchs gilt als für die Dauer des Verfahrens gehemmt. Die Banken haben sich – im Gegensatz zu den Sparkassen und Genossenschaftsbanken – verpflichtet, Schlichtungssprüche bis zu einem Beschwerdewert von **10.000 Euro** zu akzeptieren und folgen dem unter Umständen auch bei Werten darüber. Bankkunden steht der Weg zu den ordentlichen Gerichten weiterhin offen, wenn sie mit einer Entscheidung der Ombudsstelle nicht einverstanden sind.

Zahlen: Im Jahr **2018** gingen beim Ombudsmann der privaten Banken 4.202 Schlichtungsanträge ein. Es dominierten Beschwerden im Bereich des Zahlungsverkehrs (40 Prozent), gefolgt vom Wertpapiergeschäft (34 Prozent). Insgesamt 4.992 Schlichtungsverfahren wurden 2018 abgeschlossen. In 1.773 Fällen lehnten die Ombudsleute die Durchführung des Schlichtungsverfahrens ab. Die Anzahl der erfolglos gebliebenen Verfahren betrug 1.381 (die Parteien haben den Vergleichs- oder Schlichtungsvorschlag nicht angenommen). (*Quelle:* Tätigkeitsbericht 2018)

Kosten: für Kunden gebührenfrei

Typ der Schlichtungsstelle: privatrechtlich, staatlich anerkannt

Gesichtspunkte aus Verbrauchersicht:

- Allgemein ist zu bedenken, dass der Bankenverband die Ombudsstelle eingerichtet hat und finanziert. Er sucht die Ombudsleute aus und beruft sie.
- Immer kann der Ombudsmann die Durchführung des Schlichtungsverfahrens ablehnen, wenn er sich darauf beruft, eine grundsätzliche Rechtsfrage, die für die Bewertung der Streitigkeit (angeblich) erheblich ist, sei nicht geklärt. Hiervon wird auch – de facto zugunsten der Banken – Gebrauch gemacht.
- Die Entscheidung einer Ombudsstelle lässt keinen Schluss auf eine etwaige spätere gerichtliche Entscheidung zu.
- Kunden, die ohne Rechtsberatung in ein Schlichtungsverfahren gehen, laufen unter Umständen Gefahr, missverständliche Formulierungen zu verwenden, die man ihnen in einem eventuellen späteren Gerichtsverfahren vorhalten kann.
- Besonders bei größeren Streitwerten ist es empfehlenswert, schon vor einem Ombudsverfahren Beratung bzw.

Interessenvertretung durch einen Rechtsanwalt oder Fachanwalt für Bank- und Kapitalmarktrecht zu suchen.

Information im Internet:

https://www.bankenombudsmann.de

Kontakt:

Bundesverband deutscher Banken
Ombudsmann der privaten Banken
Geschäftsstelle
Postfach 04 03 07
10062 Berlin

Telefon: 030 16633166
E-Mail: ombudsmann@bdb.de

Verbraucherschlichtungsstelle beim Bundesverband Öffentlicher Banken Deutschlands e. V. (VÖB)

Für das Schlichtungsverfahren der Öffentlichen Banken sind beschwerdeberechtigt alle **Privatkunden** der dem Schlichtungsverfahren des Bundesverbandes Öffentlicher Banken Deutschlands (VÖB) angeschlossenen Banken – eine entsprechende Liste ist auf der Website des Verbandes abrufbar.

Gegenstand eines Schlichtungsverfahrens können sämtliche Produkte und Dienstleistungen sein, die von den in Deutschland niedergelassenen Mitgliedsinstituten des VÖB angeboten werden, unter Einschluss insbesondere von Streitigkeiten aus der Anwendung des § 14 Abs. 1 des Unterlassungsklagengesetzes (UKlaG, Text siehe **Anhang**). Auch **Firmen** und **Selbständigen** steht das Verfahren offen, sofern die Streitigkeit Zahlungsdiensteverträge oder das E-Geld-Geschäft betrifft.

Zu weiteren Besonderheiten der **Zuständigkeit** heißt es im Tätigkeitsbericht 2018 der Schlichtungsstelle:

„Für die Schlichtung von Meinungsverschiedenheiten mit solchen Mitgliedsinstituten des VÖB, die nicht am Schlichtungsverfahren des Verbands teilnehmen, ist die Verbraucherschlichtungsstelle bei der Bundesanstalt für Finanz-dienstleistungen subsidiär zuständig, soweit es sich um Streitigkeiten von Verbrauchern aus der Anwendung der Vorschriften des Kapitalanlage-gesetzbuchs oder zu Bankgeschäften nach dem Kreditwesengesetz handelt. Für alle übrigen der in § 14 Abs. 1 Satz 1 UKlaG genannten Streitig-keiten ist subsidiär die Verbraucherschlichtungs-stelle bei der Deutschen Bundesbank zuständig, und damit insbesondere auch für Streitigkeiten aus der Anwendung der Vorschriften des Zah-lungskontengesetzes. Hierunter fallen beispiels-weise Streitigkeiten um den Anspruch auf Ab-schluss eines Basiskontovertrags sowie um die Kündigung solcher Verträge."

Sofern die Streitigkeit nicht von § 14 Abs. 1 Unterlas-sungsklagengesetz erfasst ist, werden Streitigkeiten zwi-schen Verbrauchern und Mitgliedsinstituten des VÖB, die nicht an dessen Schlichtungsverfahren teilnehmen, von der **Universalschlichtungsstelle des Bundes** ge-schlichtet.

Voraussetzungen: Die Beschwerde darf noch nicht vor einem Gericht verhandelt worden sein, die Beschwerde darf nicht Gegenstand eines Schlichtungsverfahrens ge-wesen oder anderweitig anhängig sein, es darf noch kein

Antrag auf Prozesskostenhilfe mangels Aussicht auf Erfolg abgewiesen worden sein, die Streitigkeit wurde nicht schon in einem Vergleich beigelegt.

Bleiben Tatsachen, die für den Inhalt eines Schlichtungsvorschlages entscheidend sind, im Schlichtungsverfahren streitig, weil der Sachverhalt von der Schlichtungsstelle nicht geklärt werden kann, kann sie es ablehnen, ein Verfahren durchzuführen.

Verfahren: Verbraucher[14] können sich unmittelbar an den Ombudsmann wenden. Das heißt, es ist *nicht* erforderlich, zunächst bei der betroffenen Bank zu reklamieren und dort eine Einigung zu suchen. Eine Beschwerde kann online eingereicht werden. Die Verfahren werden schriftlich geführt. Wie alle Schlichtungsstellen erteilt die Kundenbeschwerdestelle keine rechtlichen Auskünfte an Beschwerdeführer. Maßgebend ist die Verfahrensordnung für die Schlichtung von Beschwerden im Bereich des Bundesverbandes Öffentlicher Banken Deutschlands (VÖB).

Grenzüberschreitende Fälle: Die Schlichtungsstelle nimmt an dem Europäischen Netzwerk Schlichtungsstellen Finanzdienstleistungen **(FIN-NET)** teil (siehe Abschnitt **D**). Dabei handelt es sich um ein grenzüberschreitendes Europäisches Netzwerk für außergerichtliche Streitbeilegung im Bereich Finanzdienstleistungen. Ist

---

14   § 13 BGB: „Verbraucher ist jede natürliche Person, die ein Rechtsgeschäft zu Zwecken abschließt, die überwiegend weder ihrer gewerblichen noch ihrer selbständigen beruflichen Tätigkeit zugerechnet werden können."

also ein Verbraucher in eine Streitigkeit mit einem Finanzdienstleister in einem anderen Land der EU, in Großbritannien, Norwegen, Island oder Liechtenstein verwickelt, stellt die Schlichtungsstelle für ihn den Kontakt zur zuständigen außergerichtlichen Schiedsstelle des Auslands her und gibt ihm die erforderlichen Informationen.

Rechtswirkungen: Das Schlichtungsverfahren hemmt die Verjährung des Anspruchs. Die Nichtannahme eines Schlichtungsvorschlags hat weder für den Kunden noch für die betroffene Bank bindende Wirkung. Den Beteiligten steht nach wie vor der Rechtsweg offen.

Zahlen: Im Jahr **2018** gingen bei der Schlichtungsstelle 509 Anträge ein. Insgesamt 756 Schlichtungsverfahren wurden 2018 abgeschlossen. Besonders häufig waren Beschwerden im Zusammenhang mit Bausparverträgen. In 94 Fällen lehnten die Ombudsleute die Durchführung des Schlichtungsverfahrens ab. Die Anzahl der erfolglos gebliebenen Verfahren betrug 287 (die Parteien haben den Vergleichs- oder Schlichtungsvorschlag nicht angenommen). (*Quelle:* Tätigkeitsbericht 2018)

Kosten: für den Antragsteller gebührenfrei

Typ der Schlichtungsstelle: privatrechtlich, staatlich anerkannt

Gesichtspunkte aus Verbrauchersicht:

- Allgemein ist zu bedenken, dass der Bankenverband die Schlichtungsstelle eingerichtet hat und finanziert. Er sucht die Schlichter aus und beruft sie.

- Immer kann der Schlichter die Durchführung des Schlichtungsverfahrens ablehnen, wenn er sich darauf beruft, eine grundsätzliche Rechtsfrage, die für die Schlichtung der Streitigkeit (angeblich) erheblich ist, sei nicht geklärt.

- Die Entscheidung einer Schlichtungsstelle lässt grundsätzlich keinen Schluss zu, wie ein Gericht entscheiden würde.

- Kunden, die ohne Rechtsberatung in ein Schlichtungsverfahren gehen, laufen unter Umständen Gefahr, missverständliche Formulierungen zu verwenden, die man ihnen in einem eventuellen späteren Gerichtsverfahren vorhalten kann.

- Besonders bei höheren Streitwerten ist es empfehlenswert, schon vor einem Schlichtungsverfahren Beratung bzw. Interessenvertretung durch einen Rechtsanwalt bzw. Fachanwalt für Bank- und Kapitalmarktrecht zu suchen.

Information im Internet: https://www.voeb.de

Kontakt:

Verbraucherschlichtungsstelle beim Bundesverband Öffentlicher Banken Deutschlands, VÖB
Postfach 11 02 72
10832 Berlin

Telefon: 030 8192295
E-Mail: ombudsmann@voeb-kbs.de

Schlichtungsstelle Bausparen

Das Schlichtungsverfahren für **private Bausparkassen** regelt Meinungsverschiedenheiten zwischen der Bausparkasse und ihren Kunden.

Gegenstand des Verfahrens sind nur Beschwerden natürlicher Personen, sofern der streitige Geschäftsvorfall nicht der gewerblichen oder selbständigen beruflichen Tätigkeit zuzurechnen ist (**Verbraucherbeschwerden**). Dem Verfahren haben sich alle Mitglieder des Verbandes der Privaten Bausparkassen e. V. angeschlossen.

Verfahren: Immer kann die Durchführung eines Schlichtungsverfahrens abgelehnt werden, wenn eine grundsätzliche Rechtsfrage, die für die Schlichtung der Streitigkeit erheblich ist, (angeblich) nicht geklärt ist oder Tatsachen, die für den Inhalt eines Schlichtungsvorschlags entscheidend sind, streitig bleiben, weil der Sachverhalt von der Schlichtungsstelle nicht geklärt werden kann. Maßgeblich ist Schlichtungsstellen-Verfahrensordnung, die weitere Ablehnungsgründe enthält. Wie bei allen Schlichtungsstellen erfolgt keine Rechtsberatung im Rahmen des Verfahrens.

Grenzüberschreitende Fälle: Die Schlichtungsstelle nimmt an dem Europäischen Netzwerk Schlichtungsstellen Finanzdienstleistungen (**FIN-NET**) teil (siehe Abschnitt **D**). Dabei handelt es sich um ein grenzüberschreitendes Europäisches Netzwerk für außergerichtliche Streitbeilegung im Bereich Finanzdienstleistungen. Ist

also ein Verbraucher in eine Streitigkeit mit einem Finanzdienstleister in einem anderen Land der EU, in Großbritannien, Norwegen, Island oder Liechtenstein verwickelt, stellt die Schlichtungsstelle für ihn den Kontakt zur zuständigen außergerichtlichen Schiedsstelle des Auslands her und gibt ihm die erforderlichen Informationen.

Rechtswirkungen: Mit dem Eingang der Beschwerde bei der Schlichtungsstelle wird die Verjährung gehemmt. Der Schlichtungsspruch hat für keine der Parteien bindende Wirkung. Die ordentlichen Gerichte können weiterhin angerufen werden. Kommt es nicht zu einer Einigung, erhalten die Parteien eine Mitteilung als „Bescheinigung über den erfolglosen Einigungsversuch nach § 15a Abs. 1 Satz 2 des Gesetzes betreffend die Einführung der Zivilprozessordnung". Diese wird gegebenenfalls nach Landesrecht benötigt für den Fall, dass geklagt werden soll.

Zahlen: Im Jahr **2018** gingen bei der Schlichtungsstelle 1.087 Beschwerden ein – den Schwerpunkt bildete wie im Jahr davor die Kündigung von Bausparverträgen, häufig ging es auch um Gebühren und Entgelte sowie um nichtgewährte Vergünstigungen bei der Abrechnung des Bausparvertrages. Insgesamt 635 Schlichtungsverfahren wurden abgeschlossen. In 53 Verfahren gingen die Vorschläge der Schlichter zugunsten der Antragsteller aus. (*Quelle:* Tätigkeitsbericht 2018)

Kosten: Für Antragsteller und Gegner gebührenfrei

Typ der Schlichtungsstelle: privatrechtlich, staatlich anerkannt

Information im Internet:
https://www.schlichtungsstelle-bausparen.de

Kontakt:

Verband der Privaten Bausparkassen e. V.
Schlichtungsstelle Bausparen
Postfach 30 30 79
10730 Berlin

Telefon: 030 590091500 u. -550
E-Mail: info@schlichtungsstelle-bausparen.de

Hinweis: Zuständige Schlichtungsstelle für die **Landesbausparkassen** ist die Verbraucherschlichtungsstelle beim Bundesverband Öffentlicher Banken Deutschlands (VÖB) bzw. für die LBS Südwest (ehemals LBS Baden-Württemberg und LBS Rheinland-Pfalz) die Sparkassen-Schlichtungsstelle Baden-Württemberg.

Ombudsstelle für Sachwerte und Investmentvermögen

Die Ombudsstelle ist die zentrale Anlaufstelle für **Beschwerden von privaten und institutionellen Anlegern** (Verbraucher und Unternehmer) im Zusammenhang mit ihren **Beteiligungen an geschlossenen Investmentvermögen und geschlossenen Fonds**.

Gegenstand des Verfahrens können alle Streitigkeiten sein:

- die im Zusammenhang mit den Vorschriften des Kapitalanlagegesetzbuches (KAGB) stehen
- die im Zusammenhang mit einer Vermögensanlage im Sinne des § 1 Abs. 2 Nr. 1 und 2 Vermögensanlagengesetz (VermAnlG) stehen
- die das durch eine Beteiligung an einem geschlossenen Fonds im Sinne des § 8f Absatz 1 Verkaufsprospektgesetz (VerkProspG) in der bis zum 31. Mai 2012 geltenden Fassung oder im Sinne des § 1 Absatz 2 Nummer 1 bis 2 VermAnlG in der bis zum 21. Juli 2013 geltenden Fassung begründete rechtliche Verhältnis des Antragstellers zum Antragsgegner betreffen sowie alle mit der Verwaltung der Beteiligung des Antragstellers im Zusammenhang stehenden Sachverhalte

Am Verfahren nehmen mehrere hundert Fonds- und Treuhandgesellschaften teil, eine entsprechende Liste ist auf der Website der Schlichtungsstelle abrufbar.

Verfahren: Bei Unzuständigkeit gibt die Schlichtungsstelle das Verfahren grundsätzlich an die zuständige Stelle ab bzw. unterrichtet in besonderen Fällen den Antragsteller nach näherer Regelung in der Verfahrensordnung. Es erfolgt keine Schlichtung, wenn Beweisschwierigkeiten bestehen, da keine Beweisaufnahme durchgeführt wird – davon ausgenommen sind Beweise, die durch Vorlage von Urkunden angetreten werden können.

Immer kann die Durchführung eines Schlichtungsverfahrens abgelehnt werden, wenn eine grundsätzliche Rechtsfrage, die (angeblich) für die Schlichtung der Streitigkeit erheblich ist, nicht geklärt ist oder Tatsachen, die für den Inhalt eines Schlichtungsvorschlags entscheidend sind, streitig bleiben, weil der Sachverhalt von der Schlichtungsstelle nicht geklärt werden kann. Maßgeblich ist die Verfahrensordnung der Schlichtungsstelle, die weitere Ablehnungsgründe enthält. Wie bei allen Schlichtungsstellen erfolgt *keine Rechtsberatung* im Rahmen des Verfahrens.

Grenzüberschreitende Fälle: Die Schlichtungsstelle nimmt an dem Europäischen Netzwerk Schlichtungsstellen Finanzdienstleistungen **(FIN-NET)** teil (siehe Abschnitt **D**). Dabei handelt es sich um ein grenzüberschreitendes Europäisches Netzwerk für außergerichtliche Streitbeilegung im Bereich Finanzdienstleistungen. Ist also ein Verbraucher in eine Streitigkeit mit einem Finanzdienstleister in einem anderen Land der EU, in Großbritannien, Norwegen, Island oder Liechtenstein verwickelt, stellt die Schlichtungsstelle für ihn den Kontakt zur zuständigen außergerichtlichen Schiedsstelle des Auslands her und gibt ihm die erforderlichen Informationen.

Rechtswirkungen: Mit dem Eingang der Beschwerde bei der Schlichtungsstelle wird die Verjährung gehemmt. Die Parteien können sich bis zum Abschluss des Ombudsverfahrens einigen oder aber es kommt zu einem Schlichtungsspruch. Für die Beteiligten bleibt der Rechtsweg offen, mit folgender Ausnahme: Bis zu einem Streitwert von **10.000 Euro** ist der Schlichtungsspruch **für das Unternehmen**, gegen das die Beschwerde gerichtet ist, **bindend**, sofern der Antragsteller den Schlichtungsvorschlag angenommen hat und die Streitigkeit weder Gesellschafterbeschlüsse des Antragsgegners, noch kaufmännische Entscheidungen, insbesondere aus der Geschäftsführung des Antragsgegners, noch die Klärung einer grundsätzlichen Rechtsfrage noch ein Musterverfahren zum Gegenstand hat. Oberhalb eines Streitwerts von 10.000 Euro hat ein Schlichtungsspruch empfehlenden Charakter.

Kommt es nicht zu einer Einigung, erhalten die Parteien eine Mitteilung als „Bescheinigung über den erfolglosen Einigungsversuch nach § 15a Abs. 1 Satz 2 des Gesetzes betreffend die Einführung der Zivilprozessordnung". Diese wird gegebenenfalls nach Landesrecht benötigt für den Fall, dass geklagt werden soll.

Die Schlichtungsstelle betont: *„Ein Schlichtungspruch gilt nur zwischen den am Schlichtungsverfahren beteiligten Parteien und hat keinerlei Bindungs- oder Indizwirkung für ähnlich gelagerte Fälle."*

Zahlen: Im Jahr **2018** gingen bei der Schlichtungsstelle 210 Anträge ein – meist durch beauftragte Rechtsanwaltskanzleien. Den Schwerpunkt bildeten wie im Jahr davor behauptete Fehler des Emissionsprospekts (189 Fälle). Insgesamt 117 Verfahren wurden abgeschlossen; 106 Anträge wurden abgelehnt, in 87 Fällen wegen Beweisschwierigkeiten. Es wurden vier Schlichtungsvorschläge unterbreitet. (*Quelle:* Tätigkeitsbericht 2018)

Kosten: Für den Antragsteller gebührenfrei

Typ der Schlichtungsstelle: privatrechtlich, staatlich anerkannt

Information im Internet: https://www.ombudsstelle.com

Kontakt:

Ombudsstelle für Sachwerte und Investmentvermögen e. V.
Postfach 61 02 69
10924 Berlin

Telefon 030 25761690
E-Mail: info@ombudsstelle.com

Ombudsstelle für Investmentfonds

Die Ombudsstelle für Investmentfonds des BVI Bundesverband Investment und Asset Management e. V. schlichtet Streitigkeiten im Zusammenhang mit **offenen oder geschlossenen Fonds**, **Altersvorsorgeverträgen auf Fondsbasis** oder mit dem **Depotgeschäft**.

Zur **Zuständigkeit** führt die Stelle aus:

„Die Ombudsstelle ist zuständig für zivilrechtliche Streitigkeiten zwischen Verbrauchern als Antragsteller und Unternehmen als Antragsgegner, soweit diese an ihrem Schlichtungsverfahren teilnehmen. Dies umfasst Streitigkeiten nach § 14 Absatz 1 Satz 1 Unterlassungsklagengesetz, insbesondere Streitigkeiten aus der Anwendung der Vorschriften des Kapitalanlagegesetzbuchs gemäß § 14 Absatz 1 Satz 1 Nr. 6 Unterlassungsklagengesetz sowie aus der Verwahrung und Verwaltung von Wertpapieren für andere (Depotgeschäft) gemäß § 1 Absatz 1 Satz 2 Nr. 5 Kreditwesengesetz, und im Übrigen Streitigkeiten über sämtliche von teilnehmenden Unternehmen angebotenen Finanzprodukte und Finanzdienstleistungen (...)."

§ 14 Abs. 1 Satz 1 Unterlassungsklagengesetz ist im **Anhang** wiedergegeben.

Das Unternehmen muss der Schlichtungsstelle angeschlossen sein; die Mitgliederliste der Schlichtungsstelle führt Kapitalverwaltungsgesellschaften, Banken und weitere Unternehmen auf und kann auf der Website der Ombudsstelle abgerufen werden. Für Beschwerden von Verbrauchern gegen Unternehmen, die nicht angeschlossen sind, besteht eine Auffangzuständigkeit der **Schlichtungsstelle bei der Bundesanstalt für Finanzdienstleistungsaufsicht (BaFin)**.

Verfahren: Immer kann die Durchführung eines Schlichtungsverfahrens abgelehnt werden, wenn eine grundsätzliche Rechtsfrage, die für die Schlichtung der Streitigkeit erheblich ist, nicht geklärt ist oder Tatsachen, die für den Inhalt eines Schlichtungsvorschlags entscheidend sind, streitig bleiben, weil der Sachverhalt von der Schlichtungsstelle nicht geklärt werden kann. Maßgeblich ist die Verfahrensordnung, die weitere Ablehnungsgründe enthält. Wie bei allen Schlichtungsstellen erfolgt *keine Rechtsberatung* im Rahmen des Verfahrens.

Grenzüberschreitende Fälle: Die Schlichtungsstelle nimmt an dem Europäischen Netzwerk Schlichtungsstellen Finanzdienstleistungen **(FIN-NET)** teil (siehe Abschnitt **D**). Dabei handelt es sich um ein grenzüberschreitendes Europäisches Netzwerk für außergerichtliche Streitbeilegung im Bereich Finanzdienstleistungen. Ist also ein Verbraucher in eine Streitigkeit mit einem Finanzdienstleister in einem anderen Land der EU, in Großbritannien, Norwegen, Island oder Liechtenstein verwickelt, stellt die Schlichtungsstelle für ihn den Kontakt zur zuständigen außergerichtlichen Schiedsstelle des Auslands her und gibt ihm die erforderlichen Informationen.

Rechtswirkungen: Mit dem Eingang der Beschwerde bei der Schlichtungsstelle wird die Verjährung gehemmt. Schlichtungsvorschläge sind grundsätzlich nicht verbindlich, d. h. auch nach einem Schlichtungsspruch ist der Weg zu den ordentlichen Gerichten offen. Abweichend hiervon ist ein Schlichtungsvorschlag in Verfahren, in denen der Gesamtwert des Gegenstands des Schlichtungsantrags den Betrag von **10.000 Euro** nicht übersteigt und der Rechtssache keine grundsätzliche Bedeutung zukommt, **für das Unternehmen bindend** (Schlichtungsspruch). In diesem Fall ist für das Unternehmen die Anrufung der ordentlichen Gerichte in Bezug auf die im Schlichtungsantrag benannte Streitigkeit ausgeschlossen, wenn der Antragsteller den Schlichtungsvorschlag angenommen hat.

Kommt es nicht zu einer Einigung, erhalten die Parteien eine Mitteilung als „Bescheinigung über den erfolglosen Einigungsversuch nach § 15a Abs. 1 Satz 2 des Gesetzes betreffend die Einführung der Zivilprozessordnung". Diese wird gegebenenfalls nach Landesrecht benötigt für den Fall, dass geklagt werden soll.

Kosten: Für Verbraucher (Anleger) gebührenfrei

Typ der Schlichtungsstelle: privatrechtlich, staatlich anerkannt

Information im Internet:
https://www.ombudsstelle-investmentfonds.de

Kontakt:

Büro der Ombudsstelle des BVI
Bundesverband Investment und Asset Management e. V.
Unter den Linden 42
10117 Berlin

Telefon: 030 64490460
E-Mail: info@ombudsstelle-investmentfonds.de

Schlichtungsstelle für gewerbliche Versicherungs-, Anlage- und Kreditvermittlung

Die Schlichtungsstelle können **Verbraucher**[15] bei Streitigkeiten anrufen, wenn der Antragsgegner sich als Unternehmen oder Einzelperson zur Schlichtung vor der Schlichtungsstelle verpflichtet oder bereit erklärt hat und der geltend gemachte Anspruch in unmittelbarem Zusammenhang mit einer Streitigkeit aus der **Vermittlung oder Beratung eines Finanzdienstleistungsgeschäfts** (z. B. Kapitalanlage, Kredit, Versicherung) steht.

Träger der Schlichtungsstelle ist der VOTUM Verband Unabhängiger Finanzdienstleistungs-Unternehmen in Europa e. V.

Verfahren: nach der Verfahrensordnung der Schlichtungsstelle für gewerbliche Versicherungs-, Anlage- und Kreditvermittlung. Sie enthält die Voraussetzungen und Ausschlussgründe für ein Verfahren. Der Antrag kann per E-Mail eingereicht werden. Die Ombudsleute entscheiden aufgrund der eingereichten Unterlagen nach Aktenlage und erheben keine Beweise.

Rechtswirkungen: Es wird ein Schlichtungsvorschlag unterbreitet, er hat für keine der Parteien bindende Wir-

---

15   § 13 BGB: „Verbraucher ist jede natürliche Person, die ein Rechtsgeschäft zu Zwecken abschließt, die überwiegend weder ihrer gewerblichen noch ihrer selbständigen beruflichen Tätigkeit zugerechnet werden können."

kung. Die ordentlichen Gerichte können weiterhin angerufen werden. Kommt es nicht zu einer Einigung, erhalten die Parteien eine Mitteilung als „Bescheinigung über den erfolglosen Einigungsversuch nach § 15a Abs. 1 Satz 2 des Gesetzes betreffend die Einführung der Zivilprozessordnung". Diese wird gegebenenfalls nach Landesrecht benötigt für den Fall, dass geklagt werden soll. Wie alle Schlichtungsstellen leistet auch diese *keine Rechtsberatung*.

Zahlen: Im Jahr **2018**, dem ersten Jahr des Bestehens der Schlichtungsstelle, gingen dort sieben Schlichtungsanträge ein, die mangels Zuständigkeit abgelehnt wurden. (*Quelle:* Tätigkeitsbericht 2018)

Kosten: Für den Antragsteller gebührenfrei

Typ der Schlichtungsstelle: privatrechtlich, staatlich anerkannt

Information im Internet: https://www.schlichtung-finanzberatung.de

Kontakt:

Schlichtungsstelle für gewerbliche Versicherungs-, Anlage- und Kreditvermittlung
Postfach 10 14 24
20009 Hamburg

Telefon: 040 69650890
E-Mail: kontakt@schlichtung-finanzberatung.de

VuV-Ombudsstelle beim Verband unabhängiger Vermögensverwalter Deutschland e. V.

Die Schlichtungsstelle schlichtet Streitigkeiten im Sinne des § 14 Abs.1 Satz 1 Unterlassungsklagengesetz (siehe **Anhang**) zwischen **Verbrauchern**[16] und **Mitgliedern des VuV** auf Antrag des Verbrauchers. Dies sind in erster Linie Streitigkeiten über die von den Mitgliedern des VuV angebotenen Finanzdienstleistungen nach § 1 Absatz 1a Satz 2 des Kreditwesengesetzes (u. a. Finanzportfolioverwaltung, Anlageberatung, Anlagevermittlung, Abschlussvermittlung).

Wer Mitglied des Verbands ist, kann auf der Seite https://vuv.de/vermoegensverwaltung/ ermittelt werden.

Antragsberechtigt sind grundsätzlich Verbraucher mit Wohnsitz oder gewöhnlichem Aufenthalt weltweit.

Verfahren: Nach der Verfahrensordnung der Ombudsstelle des Verbandes unabhängiger Vermögensverwalter Deutschland e. V. Sie enthält die Voraussetzungen und Ausschlussgründe für ein Verfahren. Der Antrag kann per E-Mail eingereicht werden. Die Ombudsleute entschei-

---

[16] § 13 BGB: „Verbraucher ist jede natürliche Person, die ein Rechtsgeschäft zu Zwecken abschließt, die überwiegend weder ihrer gewerblichen noch ihrer selbständigen beruflichen Tätigkeit zugerechnet werden können."

den aufgrund der eingereichten Unterlagen nach Aktenlage und erheben keine Beweise.

Rechtswirkungen: Es wird ein Schlichtungsvorschlag unterbreitet, er hat für keine der Parteien bindende Wirkung. Die ordentlichen Gerichte können weiterhin angerufen werden. Kommt es nicht zu einer Einigung, erhalten die Parteien eine Mitteilung als „Bescheinigung über den erfolglosen Einigungsversuch nach § 15a Abs. 1 Satz 2 des Gesetzes betreffend die Einführung der Zivilprozessordnung". Diese wird gegebenenfalls nach Landesrecht benötigt für den Fall, dass geklagt werden soll. Wie alle Schlichtungsstellen leistet auch diese *keine Rechtsberatung*.

Zahlen: Im Jahr **2018** gingen bei der Schlichtungsstelle vier Schlichtungsanträge ein, die im selben Jahr abgeschlossen wurden. (*Quelle:* Tätigkeitsbericht 2018)

Kosten: Für den Antragsteller gebührenfrei

Typ der Schlichtungsstelle: privatrechtlich, staatlich anerkannt

Information im Internet:

https://vuv-ombudsstelle.de

Kontakt:

VuV-Ombudsstelle
Stresemannallee 30
60596 Frankfurt am Main

Telefon: 069 660550110
E-Mail: contact@vuv-ombudsstelle.de

Ombudsmann Immobilien IVD/VPB – Grunderwerb und Verwaltung

Verbraucher[17] können sich wegen einer Streitigkeit mit einem **Unternehmen des Immobilienverbands Deutschland IVD** mit einer Beschwerde an den Ombudsmann wenden.

Gegenstand: Meinungsverschiedenheiten können beispielsweise betreffen das Maklerrecht, Wohnungseigentumsrecht, Mietrecht, Sachverständigenrecht, Standesrecht. Eine weitere Zuständigkeit betrifft Streitigkeiten zwischen einem Verbraucher und einem Unternehmer aus einem Bauträgervertrag, einem Bauvertrag, einem Grundstückskaufvertrag (Wohnzwecke) oder aus einem Kaufvertrag über Wohneigentum.

Zu den Einzelheiten seiner Zuständigkeit vermerkt der Ombudsmann:

„Der Streitschlichter wird nur tätig, wenn seine sachliche Zuständigkeit gegeben ist. Dies ist im Rechtsverhältnis zwischen einem Mitgliedsunternehmen des IVD und einem Verbraucher stets der Fall, soweit das Mitgliedsunternehmen

---

17   § 13 BGB: „Verbraucher ist jede natürliche Person, die ein Rechtsgeschäft zu Zwecken abschließt, die überwiegend weder ihrer gewerblichen noch ihrer selbständigen beruflichen Tätigkeit zugerechnet werden können."

als Immobilienberater, Immobilienmakler, Verwalter oder Sachverständiger und nicht selbst als Verbraucher gehandelt hat. Darüber hinaus ist die sachliche Zuständigkeit des Streitmittlers auf Streitigkeiten beschränkt, die ihren Grund in einem Verbrauchervertrag haben, a) durch den der Unternehmer zum Bau eines neuen Gebäudes oder zu erheblichen Umbaumaßnahmen an einem bestehenden Gebäude verpflichtet wird (Verbraucherbauvertrag), b) der die Errichtung oder den Umbau eines Hauses oder eines vergleichbaren Bauwerks zum Gegenstand hat und der zugleich die Verpflichtung des Unternehmers enthält, dem Besteller das Eigentum an dem Grundstück zu übertragen oder ein Erbbaurecht zu bestellen oder zu übertragen (Bauträgervertrag), c) über den Kauf eines zu Wohnzwecken bebauten Grundstücks oder d) über den Kauf eines Miteigentumsanteils an einem Grundstück, der verbunden ist mit einem Sondereigentum an einer Wohnung (Wohnungseigentum nach Wohnungseigentumsgesetz). In den von a) bis d) genannten Fällen wird der Streitmittler jedoch nur tätig, soweit das Unternehmen, in der Regel ein Werkunternehmer, erklärt hat, an dem Schlichtungsverfahren teilzunehmen."

Voraussetzungen: Antragsberechtigt sind Verbraucher mit Wohnsitz oder gewöhnlichem Aufenthalt in der EU oder im EWR (Europäischen Wirtschaftsraum). Unternehmer sind nicht antragsberechtigt. Der **Streitwert** muss sich **zwischen 600 und 5.000 Euro** bewegen. Vor Einschaltung des Ombudsmanns muss der Antragsteller bereits den streitigen Anspruch gegenüber dem Antragsgegner geltend gemacht haben, was nachzuweisen ist.

Verfahren: Nach der Verfahrensordnung der Schlichtungsstelle Ombudsmann Immobilien IVD/VPB – Grunderwerb und -verwaltung des Immobilienverband Deutschland IVD Bundesverband der Immobilienberater, Makler, Verwalter und Sachverständigen e.V. Der Ombudsmann entscheidet aufgrund der eingereichten Unterlagen nach Aktenlage; es findet keine Beweisaufnahme statt.

Rechtswirkungen: Mit dem Eingang der Beschwerde bei der Schlichtungsstelle wird die Verjährung gehemmt. Es wird ein Schlichtungsvorschlag unterbreitet, er hat für keine der Parteien bindende Wirkung. Die ordentlichen Gerichte können weiterhin angerufen werden. Kommt es nicht zu einer Einigung, erhalten die Parteien eine Mitteilung als „Bescheinigung über den erfolglosen Einigungsversuch nach § 15a Abs. 1 Satz 2 des Gesetzes betreffend die Einführung der Zivilprozessordnung". Diese wird gegebenenfalls nach Landesrecht benötigt für den Fall, dass geklagt werden soll. Wie alle Schlichtungsstellen leistet auch diese *keine Rechtsberatung*.

Zahlen: Im Jahr **2018** gingen beim Ombudsmann 38 Schlichtungsanträge ein. Abgeschlossen wurden in dem Jahr 17 Verfahren. (*Quelle:* Geschäftsbericht 2018)

Kosten: Für Verbraucher und Mitgliedsunternehmen des IVD gebührenfrei

Typ der Schlichtungsstelle: privatrechtlich, staatlich anerkannt

Information im Internet: https://www.ombuds-mann-immobilien.de

Kontakt:

Ombudsmann Immobilien IVD/VPB - Grunderwerb und Verwaltung
Littenstraße 10
10179 Berlin

Telefon: 030 2757260
E-Mail: info@ombudsmann-immobilien.net

Hinweis: Erster Ansprechpartner zur Ermittlung, ob ein Unternehmen dem IVD angehört, ist die Bundesge-schäftstelle des IVD, Telefon 030 2757260 bzw. https://www.ivd.net

söp Schlichtungsstelle öffentlicher Personenverkehr

Die söp schlichtet überregional Streitigkeiten zwischen **Verkehrsunternehmen** und **Reisenden** als deren Kunden.

Zuständigkeit: Die Schlichtungsstelle ist hauptsächlich zuständig für Reisende mit Bahnen, Bussen, Fluggesellschaften und Schiffen, ebenso für Reisende mit Fernbussen sowie für Carsharing- und Leihfahrrad-Kunden der Deutschen Bahn.

Voraussetzungen: Es muss ein Zusammenhang mit einer **Beförderungsleistung** bestehen. Der Antragsteller muss sich bereits erfolglos mit seiner Beanstandung an das Verkehrsunternehmen gewandt haben. Eine Schlichtung setzt ferner die Mitwirkung des jeweiligen Verkehrsunternehmens am Schlichtungsverfahren voraus. Welche Unternehmen dies sind, kann auf der Website der Schlichtungsstelle ermittelt werden.

Verfahren: Maßgebend ist die Verfahrensordnung. Beschwerden können online eingereicht werden.

Rechtswirkungen: Während der Dauer des gesamten Verfahrens gilt gegenüber dem Beschwerdegegner die Verjährung für streitbefangene Ansprüche des Beschwerdeführers als gehemmt. Eine Empfehlung, welche die Schlichtungsstelle ausspricht, ist für beide Parteien unverbindlich. Nur wenn der Beschwerdeführer und das Verkehrsunternehmen als Beschwerdegegner mit der Empfehlung oder einer vereinbarten Modifikation des Vorschlags ausdrücklich einverstanden sind, wird diese verbindlich, das heißt es kommt eine vertragliche Vereinbarung zwischen den Parteien zustande. Im Übrigen steht den Beschwerdeführern in jedem Stadium des Schlichtungsverfahrens der Weg zu den ordentlichen Gerichten offen – auch nach einer gescheiterten Schlichtung.

Zahlen: Die söp erhielt im Jahr **2018** mehr als 32.000 Schlichtungsanträge und schloss über 20.000 Anträge ab. Die Zahl der Verkehrsunternehmen, die sich an der Schlichtungsstelle beteiligten, betrug über 370. In durchschnittlich 90 Prozent aller Fälle konnte die söp nach eigenen Angaben eine außergerichtliche Streitbeilegung erreichen. Der Einstieg in die Schlichtung für Pauschalreisen wird vorbereitet. (*Quelle:* Jahresbericht 2018)

Kosten: Für den Beschwerdeführer gebührenfrei

Typ der Schlichtungsstelle: privatrechtlich, staatlich anerkannt

Information im Internet: https://soep-online.de

Informationen zu Fahrgastrechten:

* Rechte Bahnreisender: https://soep-online.de/rechte-bahnreisende.html
* Rechte Flugreisender: https://soep-online.de/rechte-flugreisende.html

- Rechte Schiffsreisender: https://soep-online.de/rechte-schiffsreisende.html
- Rechte Fernbusreisender: https://soep-online.de/rechte-busreisende.html

Kontakt:

söp Schlichtungsstelle für den öffentlichen Personenverkehr e. V.
Fasanenstraße 81
10623 Berlin

Telefon: 030 64499330
E-Mail: kontakt@soep-online.de

Beschwerden Flugreisender nimmt auch das **Luftfahrt-Bundesamt** entgegen. Die Durchsetzung zivilrechtlicher Ansprüche, wie zum Beispiel Ausgleichs- oder Erstattungsleistungen oder sonstiger Schadensersatz, gehört jedoch nicht zu seinen Aufgaben. Nähere Informationen bietet die Website des Luftfahrt-Bundesamtes: https://www.lba.de.

Mit **Beschwerden im Eisenbahn-, Bus- und Schiffsverkehr** können sich Reisende auch an das **Eisenbahn-Bundesamt** wenden, nähere Information: https://www.eba.bund.de.

Bürgertelefon Fahrgastrechte beim Eisenbahn-Bundesamt:

0228 30795-400 (Montag bis Donnerstag von 9 Uhr bis 15 Uhr sowie am Freitag von 9 bis 12 Uhr)

Hinweis: Für Bahn und Bus im Nahverkehr Bremens und Niedersachsens besteht eine Zuständigkeit der **SNUB – Die Nahverkehr-Schlichtungsstelle** in Hannover (siehe das entsprechende KAPITEL), im Nahverkehr Nordrhein-Westfalens die der **Schlichtungsstelle Nahverkehr** in Düsseldorf (siehe das entsprechende KAPITEL).

Vorbemerkung Schlichtungsstellen Nahverkehr:

Für den **lokalen und regionalen öffentlichen Personenverkehr** (Bus und Bahn) gibt es für die Bundesländer Niedersachsen und Bremen sowie Nordrhein-Westfalen besondere Schlichtungsstellen. An diese können sich Reisende wenden, wenn eine Beschwerde bei dem Beförderungsunternehmen nicht zum gewünschten Erfolg geführt hat. Außerhalb dieser Bundesländer kann eine Zuständigkeit der **söp Schlichtungsstelle öffentlicher Personenverkehr** bestehen. Entscheidend ist, ob sich das betreffende Verkehrsunternehmen dem dortigen Verfahren angeschlossen hat.

SNUB – Die Nahverkehr-Schlichtungsstelle

Die Schlichtungsstelle können Fahrgäste von Bus, Eisenbahn, Straßenbahn, U-Bahn im **öffentlichen Personennahverkehr** *Niedersachsens* **und** *Bremens* anrufen. Mit Ansprüchen auf Schadensersatz oder Schmerzensgeld aufgrund von Unfällen befasst sich die Schlichtungsstelle jedoch nicht.

Voraussetzungen:

- Das Verkehrsunternehmen ist im Inland zugelassen.
- Das entsprechende Verkehrsunternehmen kooperiert mit der SNUB. Ob das der Fall ist, kann über die Website der Schlichtungsstelle ermittelt werden.
- Ein vorheriger Einigungsversuch mit dem Verkehrsunternehmen brachte keine Lösung des Problems.
- Es wurde keine Strafanzeige erstattet und keine Klage eingereicht.
- Keine Partei beruft sich auf Verjährung.
- Die Beschwerde ist nicht offensichtlich unbegründet.

- Der Streitwert bei Geldforderungen liegt zwischen 4 und **500 Euro** (in Ausnahmefällen bis zu 2.000 Euro).

Verfahren: Maßgebend ist die Verfahrensordnung, sie enthält auch Ablehnungsgründe. Das Verfahren ist schriftlich und kann online geführt werden. Wichtig ist, dass bei Einschaltung der Schlichtungsstelle der bereits stattgefundene Schriftwechsel mit dem Verkehrsunternehmen und gegebenenfalls Nachweise (z. B. Fahrausweise) als Kopie oder elektronisch beigefügt werden.

Rechtswirkungen: Der Schlichter weist den Antrag ab oder unterbreitet einen Vorschlag für eine Einigung der Beteiligten. Sofern ein Verstoß des Antragsgegners gegen Recht und Gesetz vorliegt, kann der Schlichter per Schlichterspruch entscheiden. **Der Schlichterspruch ist für den Antragsgegner bindend**, sofern der Fahrgast ihn akzeptiert.

Information im Internet:

https://www.nahverkehr-snub.de

Kosten: Für den Beschwerdeführer gebührenfrei

Typ der Schlichtungsstelle: privatrechtlich, staatlich anerkannt

Kontakt:

Nahverkehr SNUB
Postfach 6025
30060 Hannover

E-Mail: kontakt@nahverkehr-snub.de

Schlichtungsstelle Nahverkehr

Die Schlichtungsstelle kann von **Fahrgästen** und **Verkehrsunternehmen** angerufen werden. Es muss eine Streitigkeit im öffentlichen Personenverkehr (insbesondere Bus-, Straßenbahn- und Eisenbahnverkehr) in **Nordrhein-Westfalen** betroffen sein.

Verfahren: Der Antragsteller muss nachweisen, dass er sich vor der Anrufung der Schlichtungstelle erfolglos um die Regulierung der Streitigkeit bemüht hat.

Rechtswirkungen: Der Schlichtungsvorschlag ist eine Empfehlung an Fahrgast und Verkehrsunternehmen für eine einvernehmliche Beilegung der Streitigkeit. Der Schlichtungsvorschlag kann auch eine Kulanzregelung vorsehen. Der Schlichtungsvorschlag hat keine bindende Wirkung gegenüber den Parteien, das heißt dass keine der Parteien verpflichtet ist, den Vorschlag anzunehmen. Die Frist zur Annahme eines Schlichtungsspruchs beträgt vier Wochen. Wird der Vorschlag von beiden Parteien angenommen, entsteht eine vertragliche Bindung.

Typ der Schlichtungsstelle: privatrechtlich, staatlich anerkannt

Information im Internet:
https://www.schlichtungsstelle-nahverkehr.de

Kontakt:

Schlichtungsstelle Nahverkehr
Mintropstraße 27
40215 Düsseldorf

Schlichtungstelefon: 0211 3809380 (Montag bis Donnerstag 10.00 bis 12.00 Uhr)

Schlichtungsstelle Energie

Die Schlichtungsstelle bemüht sich um die außergerichtliche und einvernehmliche Lösung von individuellen Streitfällen zwischen einerseits **privaten Verbrauchern** und
andererseits **Energieversorgungsunternehmen**
(Strom und Erdgas), **Messstellenbetreibern**[18] und
Messdienstleistern.

Eine Beschwerde kann allgemein betreffen:

- den Anschluss an das Versorgungsnetz
- die Anschlussnutzung
- die Belieferung mit Energie oder
- die Messung der Energie

Konkret kann es beispielsweise um falsche Abschlagszah-
lungen, unterbliebene Bonusverrechnungen, unzulässige
Vertragsauslegungen, Preiserhöhungen trotz vereinbarter
Preisgarantie oder um zweifelhafte Verbrauchsablesun-
gen gehen.

Voraussetzungen: Ausschließlich private Verbraucher
können die Schlichtungsstelle anrufen, wenn sie sich zuvor erfolglos mit ihrer Beschwerde an ihr Energieversor-

---

[18] Messstellenbetreiber sind nach Definition der Schlichtungsstelle
Dienstleister, die die Aufgabe haben, den Einbau, Ausbau, Betrieb und
die Wartung von Messeinrichtungen (Erdgas- bzw. Stromzähler) und
gegebenenfalls weiterer technischer Einrichtungen ordnungsgemäß
durchzuführen.

gungsunternehmen gewandt haben. Es ist *nicht* erforderlich, dass das Energieversorgungsunternehmen Mitglied des Trägervereins der Schlichtungsstelle ist. Die Streitigkeit darf nicht anderweitig anhängig (zum Beispiel bei Gericht) oder bereits abschließend behandelt worden sein.

Verfahren: Für die Energieversorgungsunternehmen besteht eine **gesetzliche Pflicht zur Teilnahme am Schlichtungsverfahren**. Beschwerden können online eingereicht werden. Maßgebend ist die Verfahrensordnung, welche im einzelnen Voraussetzungen und Ablehnungsgründe aufführt.

Rechtswirkungen: Kann eine Beschwerde nicht im Wege sog. Sofortiger Abhilfe erledigt werden und können sich die Parteien nicht einigen, spricht der Ombudsmann der Schlichtungsstelle eine **Schlichtungsempfehlung** aus. Diese ist **für die Beteiligten nicht bindend.**

Zahlen und Fakten: Im Jahr **2018** gingen 7.491 Anträge ein. Rund 3.800 Anträge betrafen einen durch Vergleichsportale im Internet groß gewordenen Stromverkäufer, der dann im Januar 2019 Insolvenz anmeldete, so dass entsprechende Schlichtungsanträge abgelehnt werden. (Siehe den Artikel von Kathrin Witsch, der sich auch mit der Rolle der Vergleichsportale befasst: *„BEV-Pleite – Das gefährliche Geschäftsmodell der Billigstromanbieter"*, Handelsblatt, 31.1.2019.) Es wurden 5.627 Schlichtungsverfahren aus den Antragseingängen 2018 und den Vorjahren geführt und beendet.

Kosten: für Verbraucher gebührenfrei – es besteht eine Kostenordnung

Typ der Schlichtungsstelle: privatrechtlich, staatlich anerkannt. Dem Wesen nach handelt es sich für die Unternehmen um ein staatliches Zwangsverfahren, das sie selbst finanzieren müssen. Die Schlichtungsstelle Energie erhält zusätzlich laufend Steuersubventionen und lässt sich seit Jahren von der Firma Verivox GmbH (ein Unternehmen der ProSiebenSat.1 Group), einem großen Vermittler von Energielieferungsverträgen, fördern. Besucher der Mitgliederseite ihrer Website leitet die Schlichtungsstelle mittels Verlinkung direkt zum kommerziellem Angebot von Verivox. Nicht wenige Streitfälle, die der Schlichtungsstelle vorgetragen werden, betreffen Energielieferungsverträge, welche die Firma Verivox GmbH vermittelt hat.

Information im Internet:
https://www.schlichtungsstelle-energie.de

Kontakt:

Schlichtungsstelle Energie e.V.
Friedrichstraße 133
10117 Berlin

Telefon: 030 27572400
E-Mail: info@schlichtungsstelle-energie.de

Verbraucherschlichtungsstelle für Architekten- und Ingenieurleistungen

Die Verbraucherschlichtungsstelle ist zuständig für Streitigkeiten aus Verträgen über Planungsleistungen zwischen einem **Verbraucher**[19] und einem **Unternehmen**[20], welches Architekten- oder Ingenieurleistungen anbietet oder erbringt. Träger ist die GHV Gütestelle Honorar- und Vergaberecht e. V.

Antragsberechtigt sind nur Verbraucher mit Wohnsitz oder gewöhnlichem Aufenthalt in der EU oder in einem Vertragsstaat des Abkommens über den Europäischen Wirtschaftsraum (Antragsteller), wenn der Antragsgegner ein Unternehmen gemäß § 14 BGB mit Niederlassung in Deutschland ist.

Voraussetzungen: Zulässig ist das Verfahren, wenn vor Antragstellung der Versuch einer Einigung mit dem Antragsgegner unternommen wurde und die Streitsache nicht bei einem Gericht anhängig ist oder war. Der Streitgegenstand muss mindestens 100 Euro betragen. Weitere Voraussetzungen sowie Ablehnungsgründe enthält die

---

[19] § 13 BGB: „Verbraucher ist jede natürliche Person, die ein Rechtsgeschäft zu Zwecken abschließt, die überwiegend weder ihrer gewerblichen noch ihrer selbständigen beruflichen Tätigkeit zugerechnet werden können."

[20] § 14 Abs. 1 BGB: „Unternehmer ist eine natürliche oder juristische Person oder eine rechtsfähige Personengesellschaft, die bei Abschluss eines Rechtsgeschäfts in Ausübung ihrer gewerblichen oder selbständigen beruflichen Tätigkeit handelt."

Schlichtungsordnung. Die Schlichtungsstelle kann sich bei der Beilegung der Streitigkeit auf die HOAI (Honorarordnung für Architekten und Ingenieure) stützen.

Verfahren: Ein Antrag auf Schlichtung kann formfrei per Post, Fax oder E-Mail eingereicht werden. Es findet **keine Beweisaufnahme** statt. Kommt eine gütliche Einigung der Parteien nicht zustande, unterbreitet die Schlichtungsstelle den Parteien einen Vorschlag zur Beilegung der Streitigkeit (Schlichtungsvorschlag).

Rechtswirkungen: Mit dem Eingang des Antrags wird die Verjährung eines streitgegenständlichen Anspruchs gehemmt. Der Schlichtungsvorschlag hat für keine der Parteien bindende Wirkung. Die ordentlichen Gerichte können weiterhin angerufen werden. Kommt es nicht zu einer Einigung, erhalten die Parteien eine Mitteilung als „Bescheinigung über den erfolglosen Einigungsversuch nach § 15a Abs. 1 Satz 2 des Gesetzes betreffend die Einführung der Zivilprozessordnung". Diese wird gegebenenfalls nach Landesrecht benötigt für den Fall, dass geklagt werden soll.

Kosten: Für den Antragsteller gebührenfrei – es besteht eine Kostenordnung

Typ der Schlichtungsstelle: privatrechtlich, staatlich anerkannt

Information im Internet:
https://www.ghv-guetestelle.de

Kontakt:

Verbraucherschlichtungsstelle für Architekten- und Ingenieurleistungen (VSSAI)
Friedrichsplatz 6
68165 Mannheim

Telefon: 0621 8608610
E-Mail: kontakt@ghv-guetestelle.de

Hinweis: Der Träger der Schlichtungsstelle fungiert auch
als Schiedsstelle in Honorarfragen.

II. Behördliche Stellen

Verbraucherschlichtungsstelle Telekommunikation der Bundesnetzagentur

Die Schlichtungsstelle vermittelt in **telekommunikationsrechtlichen** Streitfällen zwischen **Endkunden** und **Telekommunikationsunternehmen**, beispielsweise Anbietern von Leistungen im Bereich Telefonie, Internet, Kabelnetz.

Gegenstand: Betroffen sind vor allem Streitigkeiten zwischen einerseits dem Teilnehmer und andererseits einem Betreiber von öffentlichen Telekommunikationsnetzen oder einem Anbieter von öffentlich zugänglichen Telekommunikationsdiensten darüber, ob der Betreiber oder Anbieter dem Teilnehmer gegenüber eine Verpflichtung erfüllt hat, die sich auf die Bedingungen oder die Ausführung der Verträge über die Bereitstellung dieser Netze oder Dienste bezieht.

Regelungen zum Kundenschutz enthalten die §§ 43a, 43b, 45 bis 46 Telekommunikationsgesetz (TKG) bzw. die aufgrund dieser Regelungen erlassenen Rechtsverordnungen, § 84 TKG, die Roaming-Verordnung der EU sowie Artikel 4 Absatz 1, 2 und 4 der Verordnung (EU) 2015/2120.

Eine Beschwerde kann sich beispielsweise beziehen auf: Probleme beim Anbieterwechsel, keine transparenten Informationen zu den Vertragsinhalten, strittige Mindestvertragslaufzeit, Anschlussstörung, Anschlusssperrung, Verschlechterung oder Wegfall der Leistung nach Umzug, neue Vertragslaufzeit nach Umzug, strittige Rechnungspositionen, fehlenden Einzelverbindungsnachweis, Behinderung bei der Rufnummernmitnahme.

Dagegen befasst sich die Schlichtungsstelle *nicht* mit allgemeinen zivilrechtlichen Streitigkeiten; hierfür wurde ihr gesetzlich keine Zuständigkeit eingeräumt. Solche Streitigkeiten betreffen beispielsweise das Zustandekommen und den Widerruf von Verträgen, außerordentliche Kündigung, Probleme im Zahlungsverkehr, Schadensersatz.

Voraussetzungen: Zulässig ist das Verfahren, wenn vor Antragstellung der Versuch einer Einigung mit dem Antragsgegner unternommen wurde und die Streitsache nicht bei einem Gericht anhängig ist oder war. Weitere Voraussetzungen enthält die Schlichtungsordnung. Das Verfahren kann online abgewickelt werden.

Zahlen: Im Jahr **2018** wurden 1.828 Anträge auf Einleitung eines Schlichtungsverfahrens bei der Bundesnetzagentur gestellt. 2001 Verfahren wurden beendet. Die Verfahrensdauer betrug im Durchschnitt sieben Wochen. In der Mehrzahl der Fälle beanstandeten die Antragsteller die Nichteinhaltung der vertraglich zugesagten Leistungen, wobei in jedem vierten Fall die verfügbare Datenübertragungsrate kritisiert wurde. (*Quelle*: Tätigkeitsbericht 2018)

Kosten: für die Parteien gebührenfrei

Typ der Schlichtungsstelle: staatlich

Information im Internet: https://www.bundesnetzagentur.de

Kontakt:

Bundesnetzagentur
Postfach 8001
53105 Bonn

E-Mail: schlichtungsstelle-tk@bnetza.de

Verbraucherschlichtungsstelle Post der Bundesnetzagentur

Zum Zweck der außergerichtlichen Streitbeilegung zwischen **Postkunde** und **Anbieter** regelt § 10 der Postdienstleistungsverordnung, dass der Kunde bei der Verletzung eigener Rechte, die ihm aufgrund dieser Verordnung zustehen, die Bundesnetzagentur als Verbraucherschlichtungsstelle anrufen kann.

Dies betrifft insbesondere den Verlust, die Entwendung oder Beschädigung von Postsendungen.

Antragsteller können **natürliche** und **juristische Personen** sein; außer Absendern können **auch Empfänger** einen Antrag einreichen. Beschwerden über zu lange Laufzeiten und Unregelmäßigkeiten bei der Zustellung sowie betreffend Nachsendungen können in der Regel nicht geschlichtet werden, weil sie keine Verletzung eines Rechts aus der Postdienstleistungsverordnung darstellen.

Voraussetzungen: Es darf kein Gerichtsverfahren mit demselben Streitgegenstand anhängig sein und vor der Antragstellung muss der Versuch einer Einigung mit dem Antragsgegner unternommen worden sein. Die Schlichtungsordnung Post der Bundesnetzagentur regelt weitere Einzelheiten.

Zahlen: Im Jahr **2018** wurden 1.092 Anträge auf Einleitung eines Schlichtungsverfahrens bei der Bundesnetzagentur gestellt. Zum Vergleich: 2014 waren es 40 Anträge gewesen, 2015 66, 2016 235, 2017 1001. Auf Verlust und die Entwendung von Postsendungen bezogen sich 2018 41,6 Prozent der Anträge. 81,68 Prozent der Schlichtungsanträge betrafen strittige Forderungen im Zusammenhang mit der Paketbeförderung. 970 Vorgänge wurden im Jahr 2018 abgeschlossen. **Die Mehrheit der Postdienstleister lehnt die Teilnahme an einem Schlichtungsverfahren** standardmäßig in ihren Allgemeinen Geschäftsbedingungen bzw. in ihrer Korrespondenz mit den Kunden **ab**, mit zunehmender Tendenz. Gleichzeitig gibt es immer mehr Anträge und Beschwerden. (*Quelle:* Tätigkeitsbericht 2018)

Kosten: für beide Seiten gebührenfrei

Typ der Schlichtungsstelle: staatlich

Information im Internet:
https://www.bundesnetzagentur.de

Kontakt:

Bundesnetzagentur
Postfach 8001
53105 Bonn

Telefon: 0228 140
E-Mail: Schlichtungsstelle-post@bnetza.de

Schlichtungsstelle der Rechtsanwaltschaft

Die Schlichtungsstelle der Rechtsanwaltschaft schlichtet bundesweit Konflikte zwischen **Mandant** und **Rechtsanwalt**, sofern es um **vermögensrechtliche Streitigkeiten** geht. Dabei kann der Mandant auch ein Unternehmer[21] mit Niederlassung im Inland sein. Im Zentrum stehen streitige Vergütungsansprüche und Schadensersatzforderungen, grundsätzlich bis zu einer Höhe von 50.000 Euro. Die Teilnahme an einem Verfahren ist freiwillig.

Als **Grundsätze** gelten:

- Unabhängigkeit der Schlichtungsstelle
- für die Beteiligten rechtliches Gehör
- Vertraulichkeit
- zügige Durchführung

Voraussetzungen: Ein Konflikt und damit eine Streitigkeit im Sinne der Satzung liegt dann vor, wenn der Gegner informiert und nicht bereit ist, dem Verlangen des Antragstellers nachzukommen. Die zentrale Schlichtungs-

---

21   § 14 Abs. 1 BGB: „Unternehmer ist eine natürliche oder juristische Person oder eine rechtsfähige Personengesellschaft, die bei Abschluss eines Rechtsgeschäfts in Ausübung ihrer gewerblichen oder selbständigen beruflichen Tätigkeit handelt."

stelle der Rechtsanwaltschaft hat **Vorrang** vor Allgemeinen Verbraucherschlichtungsstellen.[22]

Verfahren: Satzung der Schlichtungsstelle der Rechtsanwaltschaft. Die Satzung regelt auch näher, unter welchen Voraussetzungen eine Schlichtung abgelehnt werden kann.

Rechtswirkung: Es wird ein Einigungsvorschlag erarbeitet. Dieser muss nicht angenommen werden, der Rechtsweg bleibt offen.

Zahlen: Im Jahr **2018** trafen 1.018 Anträge ein. Erledigt wurden 1.052 Verfahren, dabei ging es in 47 Prozent der Fälle um Gebührenstreitigkeiten, bei 30 Prozent der Fälle um Schadensersatzforderungen. (*Quelle*: Tätigkeitsbericht 2018)

Kosten: Für die Beteiligten gebührenfrei

Typ der Schlichtungsstelle: staatlich (behördlich)

Information im Internet: http://www.schlichtungsstelle-der-rechtsanwaltschaft.de

Kontakt:

Schlichtungsstelle der Rechtsanwaltschaft
Rauchstraße 26
10787 Berlin

---

[22] § 191f Bundesrechtsanwaltsordnung (BRAO)

Telefon: 030 28444170

E-Mail: schlichtungsstelle@s-d-r.org

Hinweis: Auch die Rechtsanwaltskammer beim Bundesgerichtshof und die **regionalen** Rechtsanwaltskammern sind zur Vermittlung berufen: § 73 Abs. 2 Nr. 3 Bundesrechtsanwaltsordnung (BRAO). Es finden sich dazu jedoch nicht auf allen Websites der Kammern entsprechende Informationen. Auf Anfrage geben die Kammern Auskunft zur Vermittlung. Die Durchführung eines Vermittlungsverfahrens bei einer Rechtsanwaltskammer ist nicht Voraussetzung für die Anrufung der Schlichtungsstelle bei der Bundesrechtsanwaltskammer.

Kontakt – Liste der Rechtsanwaltskammern:

- Rechtsanwaltskammer bei dem Bundesgerichtshof, Telefon 0721 22656
- Rechtsanwaltskammer Bamberg, Telefon 0951 986200
- Rechtsanwaltskammer Berlin, Telefon 030 3069310
- Brandenburgische Rechtsanwaltskammer, Telefon 03381 25330
- Rechtsanwaltskammer für den Oberlandesgerichtsbezirk Braunschweig, Telefon 0531 123350
- Hanseatische Rechtsanwaltskammer Bremen, Telefon 0421 168970

- Rechtsanwaltskammer für den Oberlandesgerichtsbezirk Celle, Telefon 05141 92820
- Rechtsanwaltskammer Düsseldorf, Telefon 0211 495020
- Rechtsanwaltskammer Frankfurt, Telefon 069 17009801
- Rechtsanwaltskammer Freiburg, Telefon 0761 32563
- Hanseatische Rechtsanwaltskammer Hamburg, Telefon 040 3574410
- Rechtsanwaltskammer für den Oberlandesgerichtsbezirk Hamm, Telefon 02381 985000
- Rechtsanwaltskammer Karlsruhe, Telefon 0721 25340
- Rechtsanwaltskammer Kassel, Telefon 0561 7880980
- Rechtsanwaltskammer Koblenz, Telefon 0261 303350
- Rechtsanwaltskammer Köln, Telefon 0221 9730100
- Rechtsanwaltskammer Mecklenburg-Vorpommern, Telefon 0385 5119600
- Rechtsanwaltskammer für den Oberlandesgerichtsbezirk München, Telefon 089 5329440

- Rechtsanwaltskammer Nürnberg, Telefon 0911 926330
- Rechtsanwaltskammer für den Oberlandesgerichtsbezirk Oldenburg, Telefon 0441 925430
- Rechtsanwaltskammer des Saarlandes, Telefon 0681 588280
- Rechtsanwaltskammer Sachsen, Telefon 0351 318590
- Rechtsanwaltskammer des Landes Sachsen-Anhalt, Telefon 0391 2527210 u. -11
- Schleswig-Holsteinische Rechtsanwaltskammer, Telefon 04621 93910
- Rechtsanwaltskammer Stuttgart, Telefon 0711 2221550
- Rechtsanwaltskammer Thüringen, Telefon 0361 654880
- Rechtsanwaltskammer Tübingen, Telefon 07071 9901030
- Pfälzische Rechtsanwaltskammer Zweibrücken, Telefon 06332 80030

Schlichtungsstelle bei der Bundesanstalt für Finanzdienstleistungsaufsicht (BaFin)

Die Bundesanstalt für Finanzdienstleistungsaufsicht (Ba-Fin) beaufsichtigt Banken, Finanzdienstleister, Versicherer und den Wertpapierhandel. Sie bietet **Verbrauchern**[23] die Möglichkeit, sich allgemein mit **Beschwerden** an sie zu wenden, und sie hat eine **Schlichtungsstelle** eingerichtet. Diese befasst sich mit Streitigkeiten, die Kreditinstitute und Finanzdienstleister betreffen, auch auf Antrag eines Unternehmens.[24] Es muss aber immer ein Verbraucher an dem Streit beteiligt sein.

Die **Schlichtungsstelle** bei der BaFin kann bei Streitigkeiten im Zusammenhang mit dem Kapitalanlagegesetzbuch (KAGB) sowie bei Bankgeschäften und Finanzdienstleistungen im Sinn des § 1 Abs. 1 Satz 2 Kreditwesengesetz (KWG) und § 1 Abs. 1a Satz 2 KWG aktiv werden, **sofern nicht eine anerkannte private Verbraucherschlichtungsstelle zuständig ist.** Es ist also bei einer Streitigkeit immer erst nach einer vorrangig zuständigen privaten Schlichtungsstelle zu suchen. Nur wenn keine für das Thema der Streitigkeit einschlägige Schlich-

---

[23]   § 13 BGB: „Verbraucher ist jede natürliche Person, die ein Rechtsgeschäft zu Zwecken abschließt, die überwiegend weder ihrer gewerblichen noch ihrer selbständigen beruflichen Tätigkeit zugerechnet werden können."

[24]   § 14 Abs. 1 BGB: „Unternehmer ist eine natürliche oder juristische Person oder eine rechtsfähige Personengesellschaft, die bei Abschluss eines Rechtsgeschäfts in Ausübung ihrer gewerblichen oder selbständigen beruflichen Tätigkeit handelt."

tungsstelle gefunden wurde, ist ein Antrag an die Schlichtungsstelle der BaFin sinnvoll. Juristisch spricht man von einer Auffangzuständigkeit. Die allermeisten Schlichtungsanträge an die BaFin werden abgelehnt, weil sie nicht zuständig ist.

Voraussetzungen: Antragsteller müssen mit Einreichung eines Antrags versichern, dass

- wegen derselben Streitigkeit ein Verfahren bei einer Verbraucherschlichtungsstelle weder durchgeführt wurde noch anhängig ist,
- bei Streitigkeiten über den Anspruch auf Abschluss eines Basiskontovertrages weder ein Verwaltungsverfahren nach den §§ 48 bis 50 des Zahlungskontengesetzes anhängig ist, noch in einem solchen Verfahren unanfechtbar über den Anspruch entschieden worden ist,
- über die Streitigkeit von einem Gericht nicht durch Sachurteil entschieden wurde oder
- die Streitigkeit nicht bei einem Gericht anhängig ist,
- die Streitigkeit weder durch Vergleich noch in anderer Weise beigelegt wurde und
- wegen der Streitigkeit ein Antrag auf Bewilligung von Prozesskostenhilfe nicht abgelehnt worden ist, weil die beabsichtigte Rechtsverfolgung keine

hinreichende Aussicht auf Erfolg bot oder mutwillig erschien.

Verfahren: Die BaFin empfiehlt, sich zunächst mit der Fragestellung an das betreffende Unternehmen zu wenden. Schlichtungsanträge sollen online eingereicht werden.

Grenzüberschreitende Fälle: Die Schlichtungsstelle nimmt an dem Europäischen Netzwerk Schlichtungsstellen Finanzdienstleistungen **(FIN-NET)** teil (siehe Abschnitt D). Dabei handelt es sich um ein grenzüberschreitendes Europäisches Netzwerk für außergerichtliche Streitbeilegung im Bereich Finanzdienstleistungen. Ist also ein Verbraucher in eine Streitigkeit mit einem Finanzdienstleister in einem anderen Land der EU, in Großbritannien, Norwegen, Island oder Liechtenstein verwickelt, stellt die Schlichtungsstelle für ihn den Kontakt zur zuständigen außergerichtlichen Schiedsstelle des Auslands her und gibt ihm die erforderlichen Informationen.

Rechtswirkungen: Es wird ein Schlichtungsvorschlag unterbreitet, er hat für keine der Parteien bindende Wirkung. Die ordentlichen Gerichte können weiterhin angerufen werden. Kommt es nicht zu einer Einigung, erhalten die Parteien eine Mitteilung als „Bescheinigung über den erfolglosen Einigungsversuch nach § 15a Abs. 1 Satz 2 des Gesetzes betreffend die Einführung der Zivilprozessordnung". Diese wird gegebenenfalls nach Landesrecht benötigt für den Fall, dass geklagt werden soll. Wie alle Schlichtungsstellen leistet auch die der BaFin *keine Rechtsberatung*.

Zahlen: Im Jahr **2018** gingen bei der Schlichtungsstelle der BaFin 195 Schlichtungsanträge ein, wobei der größte Teil dieser Anträge Wertpapier und Bankgeschäfte betraf (zusammen 133). Abgeschlossen wurden in dem Jahr 184 Verfahren. In 120 Fällen hielt sich die BaFin für unzuständig und es konnte das Verfahren nicht an eine zuständige Verbraucherschlichtungsstelle abgegeben werden. (*Quelle:* Tätigkeitsbericht 2018)

Kosten: Für den Verbraucher gebührenfrei

Typ der Schlichtungsstelle: staatlich

Information im Internet: https://www.bafin.de

Kontakt:

Schlichtungsstelle bei der Bundesanstalt für Finanzdienstleistungsaufsicht
– Referat ZR 3 –
Graurheindorfer Straße 108
53117 Bonn

Telefon: 0228 41080
E-Mail: schlichtungsstelle@bafin.de

Verbrauchertelefon:
kostenfreie Rufnummer 0800 2100500 (Montag bis Freitag von 8.00 Uhr bis 18.00 Uhr)

Schlichtungsstelle bei der Deutschen Bundesbank

Die Schlichtungsstelle bei der Deutschen Bundesbank ist nach § 14 Abs. 1 des Unterlassungsklagengesetzes (Text siehe **Anhang**) zuständig bei Streitigkeiten aus der Anwendung

- der Vorschriften betreffend Fernabsatzverträge über Finanzdienstleistungen §§ 312c ff. BGB)
- der Vorschriften über Verbraucherdarlehen und sonstige Finanzierungshilfen sowie deren Vermittlung (§§ 491 bis 508, 511 und 655a bis 655d BGB, Artikel 247a § 1 des Einführungsgesetzes zum BGB)
- der Vorschriften betreffend Zahlungsdiensteverträge (§§ 675c bis 676c BGB), der Verordnung (EG) 924/2009 über grenzüberschreitende Zahlungen („Preisverordnung") und der Verordnung (EU) 260/2012 zur Festlegung der technischen Vorschriften und der Geschäftsanforderungen für Überweisungen und Lastschriften in Euro („SEPA-Verordnung") sowie der Verordnung (EU) 2015/751 über Interbankenentgelte für kartengebundene Zahlungsvorgänge („IF-Verordnung")

- der Vorschriften des
  Zahlungsdiensteaufsichtsgesetzes, soweit sie
  Pflichten von E-Geld-Emittenten sowie
  Zahlungsdienstleistern gegenüber ihren Kunden
  betreffen
- der Vorschriften des Zahlungskontengesetzes, die
  das Verhältnis zwischen einem
  Zahlungsdienstleister und einem Verbraucher
  regeln

Schlichtungsverfahren im Zusammenhang mit Zahlungs-
diensten und E-Geld können von Privat- und Geschäfts-
kunden beantragt werden, ansonsten beschränkt sich das
Verfahren auf **Verbraucherverträge**.

Beschwerdebefugnis: Verbraucher[25] aus jedem Staat
der Welt sowie Unternehmen[26], die im Inland niederge-
lassen sind. Anträge gegen Unternehmen, die an einem
Schlichtungsverfahren vor einer *anerkannten privaten*
Verbraucherschlichtungsstelle teilnehmen, sind unmittelbar an diese Verbraucherschlichtungsstelle zu richten.
Denn die Schlichtungsstelle bei der Bundesbank ist eine

---

[25]   § 13 BGB: „Verbraucher ist jede natürliche Person, die ein
       Rechtsgeschäft zu Zwecken abschließt, die überwiegend weder ihrer
       gewerblichen noch ihrer selbständigen beruflichen Tätigkeit zugerechnet
       werden können."

[26]   § 14 Abs. 1 BGB: „Unternehmer ist eine natürliche oder juristische
       Person oder eine rechtsfähige Personengesellschaft, die bei Abschluss
       eines Rechtsgeschäfts in Ausübung ihrer gewerblichen oder
       selbständigen beruflichen Tätigkeit handelt."

behördliche Verbraucherschlichtungsstelle, die **nur dann** tätig werden darf, **wenn es für die Streitigkeit keine anerkannte private Verbraucherschlichtungsstelle gibt** (Auffangschlichtungsstelle). Beschwerdebefugt sind beispielsweise Schuldner, die mit dem Vorgehen von Mitgliedsunternehmen der Bundesvereinigung Kreditankauf und Servicing im Rahmen von Forderungskäufen nicht einverstanden sind, denn eine anerkannte private Verbraucherschlichtungsstelle für solche Streitigkeiten besteht nicht.

Verfahren: Immer kann die Durchführung eines Schlichtungsverfahrens abgelehnt werden, wenn eine grundsätzliche Rechtsfrage, die für die Schlichtung der Streitigkeit erheblich ist, nicht geklärt ist oder Tatsachen, die für den Inhalt eines Schlichtungsvorschlags entscheidend sind, streitig bleiben, weil der Sachverhalt von der Schlichtungsstelle nicht geklärt werden kann. Maßgeblich ist die Verfahrensverordnung der Schlichtungsstelle bei der Deutschen Bundesbank, die weitere Ablehnungsgründe enthält. Es ist mit einer Verfahrensdauer von etwa sechs Monaten zu rechnen.

Bei Streitigkeiten aus Verträgen, die über eine Website oder auf anderem elektronischen Weg abgeschlossen worden sind (**Online-Verträge**), kann der Antrag auch über die Europäische Plattform zur Online-Streitbeilegung eingereicht werden.

Rechtswirkungen: Mit dem Eingang der Beschwerde bei der Schlichtungsstelle wird die Verjährung gehemmt. Der Schlichtungsspruch hat für keine der Parteien bindende Wirkung. Die ordentlichen Gerichte können weiterhin angerufen werden. Kommt es nicht zu einer Einigung, erhalten die Parteien eine Mitteilung als „Bescheinigung über den erfolglosen Einigungsversuch nach § 15a Abs. 1 Satz 2 des Gesetzes betreffend die Einführung der Zivilprozessordnung". Diese wird gegebenenfalls nach Landesrecht benötigt für den Fall, dass geklagt werden soll.

Grenzüberschreitende Fälle: Die Schlichtungsstelle nimmt an dem Europäischen Netzwerk Schlichtungsstellen Finanzdienstleistungen **(FIN-NET)** teil (siehe Abschnitt D). Dabei handelt es sich um ein grenzüberschreitendes Europäisches Netzwerk für außergerichtliche Streitbeilegung im Bereich Finanzdienstleistungen. Ist also ein Verbraucher in eine Streitigkeit mit einem Finanzdienstleister in einem anderen Land der EU, in Großbritannien, Norwegen, Island oder Liechtenstein verwickelt, stellt die Schlichtungsstelle für ihn den Kontakt zur zuständigen außergerichtlichen Schiedsstelle des Auslands her und gibt ihm die erforderlichen Informationen.

Kosten: Für Verbraucher gebührenfrei

Typ der Schlichtungsstelle: staatlich

Information im Internet:
https://www.bundesbank.de

Kontakt:

Deutsche Bundesbank Schlichtungsstelle
Postfach 10 06 02
60006 Frankfurt am Main

Telefon: 069 95663232
E-Mail: schlichtung@bundesbank.de

Schlichtungsstelle Luftverkehr beim Bundesamt für Justiz

Verbraucher[27] können sich zwecks Zuerkennung von Zahlungsansprüchen **bis zu 5.000 Euro** aus einem Luftbeförderungsvertrag an die Schlichtungsstelle wenden, wenn es um folgende Sachverhalte geht:

- Nichtbeförderung oder verspätete Beförderung von Fluggästen
- Annullierung von Flügen
- Herabstufung von Fluggästen in eine niedrigere Klasse
- Zerstörung, Beschädigung, Verlust oder verspätete Beförderung von Reisegepäck
- Zerstörung, Beschädigung oder Verlust von Sachen, die ein Fluggast an sich trägt oder mit sich führt
- Pflichtverletzungen durch die Fluggesellschaft bei der Beförderung von behinderten Fluggästen oder Fluggästen mit eingeschränkter Mobilität

---

[27]   § 13 BGB: „Verbraucher ist jede natürliche Person, die ein Rechtsgeschäft zu Zwecken abschließt, die überwiegend weder ihrer gewerblichen noch ihrer selbständigen beruflichen Tätigkeit zugerechnet werden können."

Nicht geltend gemacht werden können Ansprüche wegen Körper- und Gesundheitsschäden im Zusammenhang mit einer Beförderung, ebenso keine Ansprüche auf Schmerzensgeld. **Nicht zulässig sind Anträge, die sich auf Geschäfts- oder Dienstreisen beziehen.** Die Schlichtungsstelle ist auch **nicht** zuständig für **Ansprüche gegen Reiseveranstalter**. Das Gleiche gilt für etwaige Ansprüche aus einer **Flugstornierung durch den Verbraucher**.

Voraussetzungen: Die (behördliche) Schlichtungsstelle beim Bundesamt für Justiz ist nur zuständig, wenn die betroffene Fluggesellschaft sich keiner anerkannten **privatrechtlich** organisierten Schlichtungsstelle wie der **Schlichtungsstelle für den öffentlichen Personenverkehr e.V. (söp)** angeschlossen hat. Es handelt sich also um eine sogenannte Auffangzuständigkeit. Welche Unternehmen sich dem Schlichtungsverfahren der söp angeschlossen haben, kann auf deren Website (https://soep-online.de) ermittelt werden.

Schlichtungsanträge, die bei der Schlichtungsstelle Luftverkehr beim Bundesamt für Justiz eingehen und die Schlichtung mit einer Fluggesellschaft betreffen, die sich der söp angeschlossen hat, werden unmittelbar an die söp abgegeben.

Wer einen **Anspruch** verfolgen möchte, kann sich nicht unmittelbar an die Schlichtungsstelle wenden, sondern er muss ihn **zunächst bei der Fluggesellschaft gel-**

tend machen. Reagiert diese nicht innerhalb von zwei Monaten, ist der Weg frei, oder aber gleich dann, wenn sie den Anspruch zurückgewiesen hat, was mit Einreichung des Antrags an die Schlichtungsstelle nachzuweisen ist.

Verfahren: Maßgebend ist die Luftschlichtungsverordnung. Beschwerden können auch online eingereicht werden.

Rechtswirkungen: Während der Dauer des gesamten Verfahrens gilt gegenüber dem Beschwerdegegner die Verjährung für streitbefangene Ansprüche des Antragstellers als gehemmt. Eine Empfehlung, welche die Schlichtungsstelle ausspricht, ist für beide Parteien **unverbindlich**. Nur wenn der Antragsteller und das Luftverkehrsunternehmen als Beschwerdegegner mit der Empfehlung oder einer vereinbarten Modifikation des Vorschlags ausdrücklich einverstanden sind, wird diese verbindlich, das heißt es kommt eine **vertragliche Vereinbarung** zwischen den Parteien zustande. Im Übrigen steht den Beschwerdeführern in jedem Stadium des Schlichtungsverfahrens der Weg zu den ordentlichen Gerichten offen – auch nach einer gescheiterten Schlichtung.

Kommt es nicht zu einer Einigung, erhalten die Parteien eine Mitteilung als „Bescheinigung über den erfolglosen Einigungsversuch nach § 15a Abs. 1 Satz 2 des Gesetzes betreffend die Einführung der Zivilprozessordnung". Diese wird gegebenenfalls nach Landesrecht benötigt für den Fall, dass geklagt werden soll.

Wie alle Schlichtungsstellen leistet auch diese *keine Rechtsberatung*.

Zahlen: Zuständig ist die Schlichtungsstelle für Streitigkeiten mit derzeit etwa 120 Fluggesellschaften, meist ausländischen. Im Jahr **2018** wurden 2.387 Anträge gestellt. Das Gros betrifft Ansprüche aus Verspätung und Annullierung. Von den 560 erstellten Schlichtungsvorschlägen wurden insgesamt 100 sowohl vom Luftfahrtunternehmen als auch vom Fluggast angenommen. Die Verfahrensdauer betrug durchschnittlich knapp fünf Monate.

Kosten: Für den Antragsteller gebührenfrei

Typ der Schlichtungsstelle: staatlich

Information im Internet:
https://www.bundesjustizamt.de

Kontakt:
Bundesamt für Justiz
Schlichtungsstelle Luftverkehr
53094 Bonn

Beratungstelefon: 0228 994106120
E-Mail: luftverkehr@bfj.bund.de

Anmerkung: Fluggäste können sich auch beim Luftfahrt-Bundesamt **beschweren**. Das Amt nimmt **Anzeigen** von Flugreisenden entgegen, sofern bei einem Flug mit Bezug zur Europäischen Union Unregelmäßigkeiten aufgetreten sind.

Eine Anzeige kann sich beziehen auf Nichtbeförderung, Annullierung, Verspätung und Höher- beziehungsweise Herabstufung.

Voraussetzungen: Es muss ein Flug betroffen sein, der in der EU angetreten wurde oder der – von einer Fluggesellschaft aus der EU durchgeführt – einen EU-Flughafen als Ziel hatte.

Verfahren: Das Luftfahrt-Bundesamt hält auf seiner Website ein Anzeigeformular bereit.

Rechtswirkungen: Das Luftfahrt-Bundesamt kann berechtigte Beschwerden zum Anlass nehmen, **Ordnungswidrigkeitenverfahren** gegen Fluggesellschaften durchzuführen und gegebenenfalls Geldbußen zu verhängen. Die Behörde wird in diesem Fall als Gewerbeaufsicht tätig. Sie unterstützt dagegen Betroffene bzw. Geschädigte **nicht** darin, zivilrechtliche Ansprüche (Ausgleichs- oder Erstattungsleistungen, sonstiger Schadensersatz) durchzusetzen. **Das Amt ist keine Schlichtungsstelle.**

Information im Internet: https://www.lba.de

Kontakt:

Luftfahrt-Bundesamt
Bürger-Service-Center
38144 Braunschweig

Bürgertelefon: 0531 2355115 (Montag bis Donnerstag,
10:00 bis 13.00 Uhr)
E-Mail: buergerinfo@lba.de

B. Allgemeine Verbraucherschlichtungsstellen

Außergerichtliche Streitbeilegungsstelle für Verbraucher und Unternehmer e. V.

Die Außergerichtliche Streitbeilegungsstelle ist eine **Allgemeine Verbraucherschlichtungsstelle**, die für Verbraucher und Unternehmer tätig wird und zusätzlich das **Mediationsverfahren**[28] anbietet.

Zuständigkeit: Die Verbraucherschlichtungsstelle führt auf Antrag Verfahren zur außergerichtlichen Beilegung von Streitigkeiten aus einem Vertrag zwischen einem Unternehmer[29] und einem Verbraucher[30] oder über das Bestehen eines solchen Vertragsverhältnisses durch. **Antragsberechtigt** sind Verbraucher und Unternehmer aus dem **In- und Ausland**, Unternehmer können ihre Niederlassung im Inland oder Ausland haben. *Nicht* zuständig ist die Außergerichtliche Streitbeilegungsstelle für

---

[28] Mediation ist ein alternatives Verfahren vor oder statt einer Schlichtung oder statt eines Gerichtsverfahrens.

[29] § 14 Abs. 1 BGB: „Unternehmer ist eine natürliche oder juristische Person oder eine rechtsfähige Personengesellschaft, die bei Abschluss eines Rechtsgeschäfts in Ausübung ihrer gewerblichen oder selbständigen beruflichen Tätigkeit handelt."

[30] § 13 BGB: „Verbraucher ist jede natürliche Person, die ein Rechtsgeschäft zu Zwecken abschließt, die überwiegend weder ihrer gewerblichen noch ihrer selbständigen beruflichen Tätigkeit zugerechnet werden können."

Streitigkeiten, für deren Beilegung Verbraucherschlichtungsstellen nach anderen Rechtsvorschriften anerkannt, beauftragt oder eingerichtet sind; ebenso nicht für solche Streitigkeiten, die laut Verfahrensordnung der Streitbeilegungsstelle ausgeschlossen sind.

Kurzgefasst stehen im Mittelpunkt der Streitbeilegungsstelle Konflikte zwischen Mieter und Vermieter, Käufer und Verkäufer, Handwerksunternehmer und Besteller, Reiseveranstalter und Reisenden.

Tätigkeitsbereiche: Die Schlichtungsstelle befasst sich schwerpunktmäßig mit Streitgegenständen aus folgenden Kategorien:

- **Dienstleistungen im Freizeitbereich**, u. a. Hotels und andere Urlaubsunterkünfte, Pauschalreisen, Dienstleistungen von Reisebüros, Ferienwohnrecht (Timesharing) und Ähnliches, Gaststätten, Dienstleistungen im Zusammenhang mit Sport und Hobby, Dienstleistungen im Zusammenhang mit Kultur und Unterhaltung, Glücksspiele und Wetten, Lotterien
- **Waren für Verbraucher**, u. a. Nahrungsmittel, Getränke, Tabak, Bekleidung (auch maßgeschneidert) und Schuhe, Hausrat, Haushaltsgeräte, Elektronikprodukte, Informations- und Kommunikationstechnologieprodukte, Freizeitprodukte (z. B. Sportausrüstung,

Musikinstrumente), neue und gebrauchte Pkw, sonstige private Verkehrsmittel, Ersatzteile und Zubehör für Fahrzeuge und sonstige private Verkehrsmittel, Bücher, Zeitschriften, Zeitungen, Schreibwaren, Heimtiere und Heimtierartikel, elektrische Geräte für die Körperpflege, Kosmetika, Schmuck, Silberwaren, Uhren und Zubehör, Artikel für Kinder und Säuglinge, Reinigungs- und Pflegeprodukte, Reinigungsartikel und kurzlebige Haushaltwaren

- **Finanzdienstleistungen**, u. a. Kredit, Hypothekenkredite/Darlehen für Immobilien, Sparen, Rentenfonds und Wertpapiere, Gebäude-, Hausrat-, Reise-, Fahrzeug-, Krankheits-, Unfall-, Lebensversicherungen

- **Allgemeine Dienstleistungen für Verbraucher**, u. a. Dienstleistungen im Zusammenhang mit Immobilien, Bau neuer Häuser/Wohnungen, Dienstleistungen zur Instandhaltung und Aufwertung des Hauses oder der Wohnung, Umzugs- und Lagerungsleistungen, Reinigungsleistungen rund ums Haus, Körperpflegeleistungen, Reinigung, Reparatur und Miete von Bekleidung und Schuhen, Hilfs-, Such- und Vermittlungsleistungen, Instandhaltung und Reparatur von Fahrzeugen und anderen Verkehrsmitteln, Rechtsberatung und

Buchhaltung, Bestattungsdienste,
Kinderbetreuung, Dienstleistungen für Heimtiere

- **Postdienste und elektronische Kommunikation**,
  u. a. Post- und Kurierdienste, Festnetz- und
  Mobiltelefondienste, Internet- und Fernsehdienste
- **Verkehrsdienstleistungen**, u. a. Straßenbahn,
  Bus, U-Bahn, Taxi, See- und Binnenschiffsverkehr,
  Verkehrsinfrastruktur, Mietdienste
- **Energie und Wasser**: Wasser und andere
  Energieträger; Gesundheit (ohne
  Gesundheitsdienstleistungen), u. a. Altenheime,
  häusliche Pflege
- **Bildung und Erziehung**, u. a. Schulen,
  Sprachkurse, Fahrunterricht, anderer
  Privatunterricht

Verfahren: Außer schriftlich wird das Verfahren gegebenenfalls im Einvernehmen telefonisch vorangebracht oder es wird z. B. über eine Video-Online-Plattform kommuniziert. In einigen Fällen kann die persönliche Anwesenheit der Parteien und/oder ihrer Vertreter förderlich oder notwendig sein, beispielsweise wenn es um einen Streit zwischen Mieter und Vermieter geht. Die Verfahrensweise erfolgt in solchen Fällen immer einvernehmlich.

Zeugen und Sachverständige, die von den Parteien auf ihre Kosten bestellt werden, können, wenn der Streitmittler dies für zweckdienlich erachtet und die Parteien zustimmen, angehört werden. Mit Zustimmung und in Anwesenheit beider Parteien oder deren Vertretern kann auch ein Augenschein eingenommen werden.

Das Streitbeilegungsverfahren kann zudem anstatt als Schlichtung im Einvernehmen in Form der **Mediation** durchgeführt werden – die Schlichtungsstelle setzt in solchen Fällen Zertifizierte Mediatoren ein. Eine erfolgreiche Einigung endet mit einer **Mediationsvereinbarung**. Maßgebend ist die Verfahrensordnung.

Rechtswirkungen: Mit dem Eingang der Beschwerde bei der Schlichtungsstelle wird die Verjährung eines streitgegenständlichen Anspruchs gehemmt. Der qualifizierte Einigungsvorschlag der Schlichtungsstelle hat für keine der Parteien bindende Wirkung. Die ordentlichen Gerichte können weiterhin angerufen werden. Kommt es nicht zu einer Einigung, erhalten die Parteien eine Mitteilung als „Bescheinigung über den erfolglosen Einigungsversuch nach § 15a Abs. 1 Satz 2 des Gesetzes betreffend die Einführung der Zivilprozessordnung". Diese wird gegebenenfalls nach Landesrecht benötigt für den Fall, dass geklagt werden soll.

Kosten: Für Verbraucher ist das Verfahren gebührenfrei – es besteht eine Kostenordnung.

Typ der Schlichtungsstelle: privatrechtlich, staatlich anerkannt

Information im Internet:
https://www.streitbeilegungsstelle.org

Kontakt:

Außergerichtliche Streitbeilegungsstelle für Verbraucher und Unternehmer e. V.
Hohe Straße 11
04107 Leipzig

Telefon: 0341 56116370
E-Mail: kontakt@streitbeilegungsstelle.org

Universalschlichtungsstelle des Bundes

Der Bund hat das *Zentrum für Schlichtung e. V.* in Kehl am Rhein als Träger der Universalschlichtungsstelle des Bundes beauftragt. Die Einrichtung wird als **Auffangschlichtungsstelle** tätig, **wenn keine branchenspezifische Verbraucherschlichtungsstelle vorrangig zur Schlichtung berufen ist**. Da keine der vorrangig zuständigen Verbraucherschlichtungsstellen[31] abschließend für ein Gebiet zuständig ist, ergeben sich hieraus stets Fälle für die Universalschlichtungsstelle.

Zuständigkeit: Die Verbraucherschlichtungsstelle führt auf Antrag Verfahren zur außergerichtlichen Beilegung von Streitigkeiten aus einem Verbrauchervertrag nach § 310 Absatz 3 BGB oder über das Bestehen eines solchen Vertragsverhältnisses durch. Antragsberechtigt sind (nur) Verbraucher gemäß § 13 BGB[32] mit Wohnsitz oder

---

[31] § 2 Abs. 1 und 2 Satz 1 und 2 Verbraucherstreitbeilegungsgesetz (VSBG) lauten: „(1) Verbraucherschlichtungsstelle ist eine Einrichtung, die 1. Verfahren zur außergerichtlichen Beilegung zivilrechtlicher Streitigkeiten durchführt, an denen Verbraucher oder Unternehmer als Antragsteller oder Antragsgegner beteiligt sind, und 2. nach diesem Gesetz oder auf Grund anderer Rechtsvorschriften als Verbraucherschlichtungsstelle anerkannt, beauftragt oder eingerichtet worden ist. (2) Eine Einrichtung, die nicht nach diesem Gesetz oder auf Grund anderer Rechtsvorschriften als Verbraucherschlichtungsstelle anerkannt, beauftragt oder eingerichtet ist, darf sich nicht als Verbraucherschlichtungsstelle bezeichnen. Sie darf von ihrem Träger nicht als Verbraucherschlichtungsstelle bezeichnet werden."

[32] § 13 BGB: „Verbraucher ist jede natürliche Person, die ein Rechtsgeschäft zu Zwecken abschließt, die überwiegend weder ihrer gewerblichen noch ihrer selbständigen beruflichen Tätigkeit zugerechnet werden können."

gewöhnlichem Aufenthalt in der EU oder in einem Staat des Europäischen Wirtschaftsraums (Antragsteller), wenn Antragsgegner ein Unternehmen gemäß § 14 BGB[33] mit Niederlassung in Deutschland ist.

Das Unternehmen muss bereit sein, sich am Verfahren zu beteiligen, was die Schlichtungsstelle nach Antragseingang klärt.

Keine Zuständigkeit besteht für Streitigkeiten, für deren Beilegung Verbraucherschlichtungsstellen nach anderen Rechtsvorschriften als denen des Verbraucherstreitbeilegungsgesetzes anerkannt, beauftragt oder eingerichtet sind, für Streitigkeiten aus Verträgen über nichtwirtschaftliche Dienstleistungen von allgemeinem Interesse, für Streitigkeiten aus Verträgen über Gesundheitsdienstleistungen, für Streitigkeiten aus Verträgen über Weiter- und Hochschulbildung durch staatliche Einrichtungen, für arbeitsvertragliche Streitigkeiten.

Anträge, die in den Zuständigkeitsbereich einer der *vorrangig* zuständigen Verbraucherschlichtungsstellen fallen, verweist die Universalschlichtungsstelle dorthin. Es besteht somit **für Antragsteller kein Risiko**, dass ein eingereichter unzulässiger Antrag zu einem Rechtsverlust führt oder nicht behandelt wird.

---

[33]   § 14 Abs. 1 BGB: „Unternehmer ist eine natürliche oder juristische Person oder eine rechtsfähige Personengesellschaft, die bei Abschluss eines Rechtsgeschäfts in Ausübung ihrer gewerblichen oder selbständigen beruflichen Tätigkeit handelt."

Tätigkeitsbereiche: Die Schlichtungsstelle befasst sich schwerpunktmäßig mit Streitgegenständen aus folgenden Kategorien:

- **Dienstleistungen im Freizeitbereich**, u. a. Hotels und andere Urlaubsunterkünfte, Pauschalreisen, Dienstleistungen von Reisebüros, Ferienwohnrecht (Timesharing) und Ähnliches, Gaststätten, Dienstleistungen im Zusammenhang mit Sport und Hobby, Dienstleistungen im Zusammenhang mit Kultur und Unterhaltung, Glücksspiele und Wetten, Lotterien

- **Waren für Verbraucher**, u. a. Nahrungsmittel, Getränke, Tabak, Bekleidung (auch maßgeschneidert) und Schuhe, Hausrat, Haushaltsgeräte, Elektronikprodukte, Informations- und Kommunikationstechnologieprodukte, Freizeitprodukte (z. B. Sportausrüstung, Musikinstrumente), neue und gebrauchte Pkw, sonstige private Verkehrsmittel, Ersatzteile und Zubehör für Fahrzeuge und sonstige private Verkehrsmittel, Bücher, Zeitschriften, Zeitungen, Schreibwaren, Heimtiere und Heimtierartikel, elektrische Geräte für die Körperpflege, Kosmetika, Schmuck, Silberwaren, Uhren und Zubehör, Artikel für Kinder und Säuglinge,

Reinigungs- und Pflegeprodukte, Reinigungsartikel und kurzlebige Haushaltwaren

- **Finanzdienstleistungen**, u. a. Kredit, Hypothekenkredite/Darlehen für Immobilien, Sparen, Rentenfonds und Wertpapiere, Gebäude-, Hausrat-, Reise-, Fahrzeug-, Krankheits-, Unfall-, Lebensversicherungen
- **Allgemeine Dienstleistungen für Verbraucher**, u. a. Dienstleistungen im Zusammenhang mit Immobilien, Bau neuer Häuser/Wohnungen, Dienstleistungen zur Instandhaltung und Aufwertung des Hauses oder der Wohnung, Umzugs- und Lagerungsleistungen, Reinigungsleistungen rund ums Haus, Körperpflegeleistungen, Reinigung, Reparatur und Miete von Bekleidung und Schuhen, Hilfs-, Such- und Vermittlungsleistungen, Instandhaltung und Reparatur von Fahrzeugen und anderen Verkehrsmitteln, Rechtsberatung und Buchhaltung, Bestattungsdienste, Kinderbetreuung, Dienstleistungen für Heimtiere
- **Postdienste und elektronische Kommunikation**, u. a. Post- und Kurierdienste, Festnetz- und Mobiltelefondienste, Internet- und Fernsehdienste
- **Verkehrsdienstleistungen**, u. a. Straßenbahn, Bus, U-Bahn, Taxi, See- und Binnenschiffsverkehr, Verkehrsinfrastruktur, Mietdienste

- **Energie und Wasser**: Wasser und andere Energieträger; Gesundheit (ohne Gesundheitsdienstleistungen), u. a. Altenheime, häusliche Pflege
- **Bildung und Erziehung**, u. a. Schulen, Sprachkurse, Fahrunterricht, anderer Privatunterricht

Ablehnungsgründe: Die Schlichtungsstelle lehnt ein Verfahren vor allem in diesen Fällen ab:

- Unzuständigkeit
- Der streitige Anspruch wurde zuvor nicht gegenüber dem Antragsgegner geltend gemacht
- Eine andere Verbraucherschlichtungsstelle hat bereits ein Verfahren durchgeführt oder die Streitigkeit ist bei einer anderen Verbraucherschlichtungsstelle anhängig
- Ein Gericht hat zu der Streitigkeit bereits eine Sachentscheidung getroffen oder die Streitigkeit ist bei einem Gericht anhängig
- Der Streitwert überschreitet 50.000 Euro

Weitere Ablehnungsgründe enthalten die für die Schlichtungsstelle geltenden Regelwerke (siehe nachstehenden Punkt *Verfahren*), deren Wortlaut über die Website der Universalschlichtungsstelle abgerufen werden kann.

Verfahren: Die wesentlichen **Bestimmungen zur Zuständigkeit und zum Verfahren** enthält § 30 des Verbraucherstreitbeilegungsgesetzes – sie sind am Ende dieses Kapitels wiedergegeben. Maßgebend ist die Universalschlichtungsstellenverordnung,[34] ergänzend die Verfahrensordnung der Allgemeinen Verbraucherschlichtungsstelle des Zentrums für Schlichtung e. V. Das Verfahren wird schriftlich durchgeführt, Beweise werden nicht erhoben. Anträge können über das Online-Portal der Schlichtungstelle, per Post, Fax (07851 7957941) oder E-Mail eingereicht werden.

Rechtswirkungen: Mit dem Eingang der Beschwerde bei der Schlichtungsstelle wird die Verjährung eines streitgegenständlichen Anspruchs gehemmt. Der Schlichtungsspruch hat für keine der Parteien bindende Wirkung. Die ordentlichen Gerichte können weiterhin angerufen werden. Kommt es nicht zu einer Einigung, erhalten die Parteien eine Mitteilung als „Bescheinigung über den erfolglosen Einigungsversuch nach § 15a Abs. 1 Satz 2 des Gesetzes betreffend die Einführung der Zivilprozessordnung". Diese wird gegebenenfalls nach Landesrecht benötigt für den Fall, dass geklagt werden soll.

Zahlen: Im Jahr **2018** erreichten das Zentrum für Schlichtung e. V. 2.125 Beschwerden. 1.993 Anträge wurden in dem Jahr erledigt, dabei betrug die Verfahrensdauer aller erledigten Anträge durchschnittlich 23 Tage.

---

[34] Verordnung zur Regelung der Organisation, des Verfahrens und der Beendigung der Beleihung oder der Beauftragung der Universalschlichtungsstelle des Bundes (Universalschlichtungsstellenverordnung – UnivSchlichtV). Vom 16. Dezember 2019

Die Einigungsquote belief sich auf 13,84 Prozent. (*Quelle*: Tätigkeitsbericht 2018 der Allgemeinen Verbraucherschlichtungsstelle beim Zentrum für Schlichtung e. V.)

Information im Internet:

https://www.universalschlichtungsstelle.de

Kosten: Für Verbraucher gebührenfrei

Typ der Schlichtungsstelle: privatrechtlich, **staatlich beliehen**

Kontakt:

Universalschlichtungsstelle des Bundes
Zentrum für Schlichtung e. V.
Straßburger Straße 8
77694 Kehl am Rhein

Telefon 07851 7957940
E-Mail: mail@universalschlichtungsstelle.de

Hinweis: Eine **Alternative** stellt in vielen Fällen die **Außergerichtliche Streitbeilegungsstelle für Verbraucher und Unternehmer e. V.** dar.

Auszug aus dem **Gesetz über die alternative Streitbeilegung in Verbrauchersachen** (Verbraucherstreitbeilegungsgesetz - VSBG):

§ 30 Zuständigkeit und Verfahren der Universalschlichtungsstelle des Bundes

(1) Die Universalschlichtungsstelle des Bundes führt auf Antrag eines Verbrauchers Verfahren zur außergerichtlichen Beilegung folgender Streitigkeiten durch:

1. Streitigkeiten aus einem Verbrauchervertrag nach § 310 Absatz 3 des Bürgerlichen Gesetzbuchs oder über das Bestehen eines solchen Vertragsverhältnisses;

2. Streitigkeiten, zu welchen in einem rechtskräftigen Urteil über eine Musterfeststellungsklage nach § 613 Absatz 1 Satz 1 der Zivilprozessordnung oder einem Vergleich nach § 611 Absatz 1 der Zivilprozessordnung bindende Feststellungen getroffen wurden und zu denen die streitgegenständlichen Ansprüche oder Rechtsverhältnisse des Verbrauchers nach § 608 Absatz 1 der Zivilprozessordnung zum Klageregister wirksam angemeldet waren.

Dies gilt nicht, wenn es sich um arbeitsvertragliche Streitigkeiten oder um Streitigkeiten, für deren Beilegung Verbraucherschlichtungsstellen nach anderen Rechtsvorschriften anerkannt, beauftragt oder eingerichtet werden, handelt oder wenn eine Verbraucherschlichtungsstelle, die eine einschränkende Zuständigkeitsregelung gemäß § 4 Absatz 1a Nummer 1 bis 3 getroffen hat, für die außergerichtliche Beilegung der in Satz 1 genannten Streitigkeiten zuständig ist.

(2) Die Universalschlichtungsstelle des Bundes lehnt die Durchführung eines Streitbeilegungsverfahrens ab, wenn

1. eine andere Verbraucherschlichtungsstelle mit einer einschränkenden Zuständigkeitsregelung gemäß § 4 Absatz 1a Nummer 1 bis 3 oder einer vorrangigen Zuständigkeit gemäß § 4 Absatz 2 Satz 1 Nummer 2 für die Beilegung der Streitigkeit zuständig ist,

2. sich die Niederlassung des Unternehmers nicht im Inland befindet,

3. es sich um eine Streitigkeit aus einem in § 4 Absatz 2 Satz 1 Nummer 1 genannten Vertrag handelt,

4. der Wert des Streitgegenstands weniger als 10 Euro oder mehr als 50 000 Euro beträgt,

5. der streitige Anspruch oder das Rechtsverhältnis des Verbrauchers, das den Gegenstand des Streitbeilegungsverfahrens bildet, zum Klageregister einer Musterfeststellungsklage nach § 608 der Zivilprozessordnung angemeldet ist oder während des Streitbeilegungsverfahrens wirksam

angemeldet wird und die Musterfeststellungsklage noch rechtshängig ist,

6. der streitige Anspruch nicht zuvor gegenüber dem Unternehmer geltend gemacht worden ist oder

7. der Antrag offensichtlich ohne Aussicht auf Erfolg ist oder mutwillig erscheint, insbesondere weil

a) der streitige Anspruch bei Antragstellung bereits verjährt war und der Unternehmer sich auf die Verjährung beruft,

b) die Streitigkeit bereits beigelegt ist,

c) zu der Streitigkeit ein Antrag auf Prozesskostenhilfe bereits mit der Begründung zurückgewiesen worden ist, dass die beabsichtigte Rechtsverfolgung keine hinreichende Aussicht auf Erfolg bietet oder mutwillig erscheint.

(3) Die Verfahrensordnung der Universalschlichtungsstelle des Bundes kann weitere nach § 14 Absatz 2 Satz 1 Nummer 1, 2 und 4 und Satz 2 zulässige Ablehnungsgründe vorsehen.

(4) Die Universalschlichtungsstelle des Bundes teilt dem Verbraucher im Fall des Absatzes 2 Nummer 1 mit der Ablehnungsentscheidung eine zuständige Verbraucherschlichtungsstelle mit, an die er sich wenden kann.

(5) Die Universalschlichtungsstelle des Bundes kann einen Schlichtungsvorschlag nach Aktenlage unterbreiten, wenn der Unternehmer, der zur Teilnahme am Verfahren

der Universalschlichtungsstelle bereit oder verpflichtet ist, zu dem Antrag des Verbrauchers keine Stellungnahme abgibt.

(6) Von der Bereitschaft des Unternehmers zur Teilnahme am Streitbeilegungsverfahren ist auszugehen, wenn er gegenüber dem Verbraucher, auf seiner Webseite oder in seinen Allgemeinen Geschäftsbedingungen erklärt hat, an Streitbeilegungsverfahren vor der Universalschlichtungsstelle des Bundes teilzunehmen. Von der Bereitschaft des Unternehmers ist auch dann auszugehen, wenn er zwar keine Teilnahmebereitschaft nach Satz 1 erklärt hat, aber die Teilnahme am Verfahren nicht innerhalb von drei Wochen ablehnt, nachdem ihm der Antrag des Verbrauchers von der Universalschlichtungsstelle des Bundes übermittelt worden ist. Die Universalschlichtungsstelle des Bundes muss den Unternehmer zugleich mit der Übermittlung des Antrags auf die in Satz 2 geregelte Rechtsfolge hinweisen und ferner darauf hinweisen, dass für die Durchführung des Streitbeilegungsverfahrens eine Gebühr nach § 31 oder im Fall der beauftragten Universalschlichtungsstelle des Bundes ein Entgelt nach § 23 erhoben werden kann.

Anwaltliche Verbraucherschlichtungsstelle NRW e. V.

Die Schlichtungsstelle ist eine **Allgemeine Verbraucherschlichtungsstelle**, deren Zuständigkeit auf Verbraucherstreitigkeiten mit **Unternehmen mit Niederlassung in Nordrhein-Westfalen** beschränkt ist. Es handelt sich um eine Einrichtung der Anwaltvereine aus Nordrhein-Westfalen; Mitte 2018 nahm sie den Betrieb auf.

Die **Zuständigkeit** enthält keine Einschränkungen auf bestimmte Wirtschaftsbereiche. Der Streitgegenstand ist auf **50.000 Euro** begrenzt. Antragsberechtigt sind **Verbraucher**[35] mit Wohnsitz oder gewöhnlichem Aufenthalt in der EU oder in einem Vertragsstaat des Abkommens über den Europäischen Wirtschaftsraum, wenn Antragsgegner ein Unternehmen gem. § 14 BGB[36] mit Niederlassung in Nordrhein Westfalen ist.

---

[35]   § 13 BGB: „Verbraucher ist jede natürliche Person, die ein Rechtsgeschäft zu Zwecken abschließt, die überwiegend weder ihrer gewerblichen noch ihrer selbständigen beruflichen Tätigkeit zugerechnet werden können."

[36]   § 14 Abs. 1 BGB: „Unternehmer ist eine natürliche oder juristische Person oder eine rechtsfähige Personengesellschaft, die bei Abschluss eines Rechtsgeschäfts in Ausübung ihrer gewerblichen oder selbständigen beruflichen Tätigkeit handelt."

Tätigkeitsbereiche: Die Schlichtungsstelle befasst sich schwerpunktmäßig mit Streitgegenständen aus folgenden Kategorien:

- **Dienstleistungen im Freizeitbereich**, u. a. Hotels und andere Urlaubsunterkünfte, Pauschalreisen, Dienstleistungen von Reisebüros, Ferienwohnrecht (Timesharing) und Ähnliches, Gaststätten, Dienstleistungen im Zusammenhang mit Sport und Hobby, Dienstleistungen im Zusammenhang mit Kultur und Unterhaltung, Glücksspiele und Wetten, Lotterien

- **Waren für Verbraucher**, u. a. Nahrungsmittel, Getränke, Tabak, Bekleidung (auch maßgeschneidert) und Schuhe, Hausrat, Haushaltsgeräte, Elektronikprodukte, Informations- und Kommunikationstechnologieprodukte, Freizeitprodukte (z. B. Sportausrüstung, Musikinstrumente), neue und gebrauchte Pkw, sonstige private Verkehrsmittel, Ersatzteile und Zubehör für Fahrzeuge und sonstige private Verkehrsmittel, Bücher, Zeitschriften, Zeitungen, Schreibwaren, Heimtiere und Heimtierartikel, elektrische Geräte für die Körperpflege, Kosmetika, Schmuck, Silberwaren, Uhren und Zubehör, Artikel für Kinder und Säuglinge,

Reinigungs- und Pflegeprodukte, Reinigungsartikel und kurzlebige Haushaltwaren

- **Finanzdienstleistungen**, u. a. Kredit, Hypothekenkredite/Darlehen für Immobilien, Sparen, Rentenfonds und Wertpapiere, Gebäude-, Hausrat-, Reise-, Fahrzeug-, Krankheits-, Unfall-, Lebensversicherungen
- **Allgemeine Dienstleistungen für Verbraucher**, u. a. Dienstleistungen im Zusammenhang mit Immobilien, Bau neuer Häuser/Wohnungen, Dienstleistungen zur Instandhaltung und Aufwertung des Hauses oder der Wohnung, Umzugs- und Lagerungsleistungen, Reinigungsleistungen rund ums Haus, Körperpflegeleistungen, Reinigung, Reparatur und Miete von Bekleidung und Schuhen, Hilfs-, Such- und Vermittlungsleistungen, Instandhaltung und Reparatur von Fahrzeugen und anderen Verkehrsmitteln, Rechtsberatung und Buchhaltung, Bestattungsdienste, Kinderbetreuung, Dienstleistungen für Heimtiere
- **Postdienste und elektronische Kommunikation**, u. a. Post- und Kurierdienste, Festnetz- und Mobiltelefondienste, Internet- und Fernsehdienste
- **Verkehrsdienstleistungen**, u. a. Straßenbahn, Bus, U-Bahn, Taxi, See- und Binnenschiffsverkehr, Verkehrsinfrastruktur, Mietdienste

- **Energie und Wasser**: Wasser und andere Energieträger; Gesundheit (ohne Gesundheitsdienstleistungen), u. a. Altenheime, häusliche Pflege
- **Bildung und Erziehung**, u. a. Schulen, Sprachkurse, Fahrunterricht, anderer Privatunterricht

Verfahren: Die Verfahrensordnung der Schlichtungsstelle regelt das Nähere, auch Ablehnungsgründe.

Rechtswirkungen: Mit dem Eingang der Beschwerde bei der Schlichtungsstelle wird die Verjährung eines streitgegenständlichen Anspruchs gehemmt. Der Schlichtungsspruch hat für keine der Parteien bindende Wirkung. Die ordentlichen Gerichte können weiterhin angerufen werden. Kommt es nicht zu einer Einigung, erhalten die Parteien eine Mitteilung als „Bescheinigung über den erfolglosen Einigungsversuch nach § 15a Abs. 1 Satz 2 des Gesetzes betreffend die Einführung der Zivilprozessordnung". Diese wird gegebenenfalls nach Landesrecht benötigt für den Fall, dass geklagt werden soll.

Kosten: Für Verbraucher, abgesehen von Missbrauchsfällen, gebührenfrei

Typ der Schlichtungsstelle: privatrechtlich, staatlich anerkannt

Information im Internet:

https://www.verbraucherschlichtung-nrw.de

Kontakt:

AVS NRW e. V.
c/o Geschäftsstelle Kölner Anwaltverein
Oberlandesgericht Köln
3. Etage, Zimmer 316
Reichenspergerplatz 1
50670 Köln

Telefon: 0221 417053
E-Mail: info@verbraucherschlichtung-nrw.de

C. Weitere Einigungs- und Schlichtungsstellen

Kfz-Schiedsstellen

Die vom deutschen **Kfz-Gewerbe** unterhaltenen Schiedsstellen können angerufen werden, wenn **Reparatur** und **Service** beziehungsweise **Gebrauchtwagenkauf** bei einem Meisterbetrieb der Kfz-Innung durchgeführt wurden und eine Reklamation des **Verbrauchers**[37] nicht zum Ziel geführt hat; auch beteiligte **Firmen** können die Schiedsstelle anrufen.

Zuständigkeit: Immer ist Voraussetzung, dass ein Vertrag geschlossen wurde.
Im Vordergrund stehen Beschwerden

* über die Höhe der Rechnungen
* darüber, ob durchgeführte Reparaturen notwendig und angemessen waren und
* ob Werkstattleistungen ordnungsgemäß erbracht wurden

---

[37]   § 13 BGB: „Verbraucher ist jede natürliche Person, die ein Rechtsgeschäft zu Zwecken abschließt, die überwiegend weder ihrer gewerblichen noch ihrer selbständigen beruflichen Tätigkeit zugerechnet werden können."

Bei Gebrauchtwagenkäufen (Fahrzeuge bis 3,5 t) geht es um den Inhalt der Verträge, insbesondere um Streitigkeiten bezüglich Mängeln an Fahrzeugen. Ein Mangel ist beispielsweise auch der Zustand nach Tachomanipulation, die jährlich an Millionen von Gebrauchtfahrzeugen vorgenommen wird – eine Straftat, die auch im Kfz-Gewerbe vorkommt.[38] Die Angemessenheit des Kaufpreises beim Gebrauchtwagenkauf kann allerdings *nicht* Gegenstand eines Schiedsstellenverfahrens sein.

Erfolgte die Instandhaltung und Reparatur eines Fahrzeugs oder ein Gebrauchtwagenkauf nicht bei einem Meisterbetrieb der Kfz-Innung, kann man sich an eine Allgemeine Verbraucherschlichtungsstelle wenden (siehe im Buch Abschnitt **B**).

Die Zuständigkeit richtet sich nach dem Geschäftssitz des betroffenen Kfz-Betriebes.

Zulässigkeit: Eine Beschwerde kann nur geführt werden, wenn der Betrieb zur Innung gehört. Ob das der Fall ist, erkennt man am blau-weißen Meisterschild des Betriebes, das meistens auch auf den Rechnungsbögen abgebildet ist. Im Zweifelsfall gibt jeder betroffene Betrieb über seine Zugehörigkeit zur Innung Auskunft oder man kann sich bei der regionalen Innung erkundigen. Die regional zuständige Schiedsstelle kann auf der Website https://www.kfz-schiedsstelle.de ermittelt werden.

---

[38] „Tacho-Manipulation", Bericht des ADAC vom 6.3.2019, adac.de

Verfahren: Die Schiedsstelle kann nur mit schriftlicher Darlegung des Sachverhalts angerufen werden. Dies muss bei Reparaturaufträgen unverzüglich nach Kenntnis des Streitpunktes geschehen. Letzter Termin bei Garantieansprüchen ist acht Tage nach Ablauf der Garantiefrist, sonst spätestens vor Ablauf von dreizehn Monaten seit Übergabe des Kraftfahrzeuges. Die jeweilige Verfahrensordnung sollte auf der Website der zuständigen Schiedsstelle abrufbar sein.

Rechtswirkungen: Dem Verbraucher steht immer der Klageweg vor einem ordentlichen Gericht offen.[39]

Zahlen: Im Jahr **2018** wurden bei den 100 Schiedsstellen der Innungen 8.827 Beschwerden eingereicht. Zu den Hauptgründen für die Anrufung einer Schiedsstelle gehören meist die Rechnungshöhe, der Vorwurf unsachgemäßer Arbeit, sowie dass Arbeiten ohne Auftrag durchgeführt wurden.

Nach Feststellungen des ADAC sind die Kfz-Schiedsstellen einem Großteil möglicher Betroffener völlig unbekannt – ein Hauptgrund für die niedrigen Fallzahlen der Branche, was außergerichtliche Streitbeilegung angeht. Nur ein geringer Teil speziell der Gebrauchtwagenkäufer weiß, dass es eine Schlichtungsmöglichkeit gibt.

Kosten: Für Verbraucher gebührenfrei

---

[39] Angaben zu Rechtswirkungen, insbesondere der Schiedssprüche, macht die offizielle Website www.kfz-schiedsstellen.de nicht; ebensowenig hält sie einen Tätigkeitsbericht bereit (Stand: 01/2020).

Typ der Schlichtungsstelle: privatrechtlich

Information im Internet:
https://www.kfz-schiedsstellen.de

Anmerkung: Nur ein winziger Bruchteil der Kunden des Kfz-Gewerbes nimmt es auf sich, sich zu beschweren. Obwohl die Schiedsstellen demzufolge kaum mit Arbeit belastet sind, kommt es vor, dass es bis zu einem Jahr dauert, bis zu einer Sitzung der Schiedsstelle eingeladen wird. Der Zentralverband Deutsches Kraftfahrzeug-Gewerbe zeichnet angesichts niedriger Zahlen bei Beschwerdeverfahren stets ein rosiges Bild von Harmonie und Kundenzufriedenheit. Dieses Bild steht in krassem Gegensatz zur Wirklichkeit.

Ob es für Verbraucher sinnvoll ist, eine Kfz-Schiedsstelle anzurufen, erscheint höchst zweifelhaft. Kenner der Szene empfehlen, bei jeglichem Konflikt mit einem Betrieb des Kfz-Gewerbes gleich einen **Rechtsanwalt** zu **beauftragen**, es sei denn, es handelt sich um einen geringfügigen Gegenstandswert. Überhöhte Rechnungen und Pfusch im Kfz-Gewerbe sind Alltag, ebenso das Abwimmeln berechtigter Reklamationen. Die de facto niedrige Erfolgsquote (Schiedssprüche zugunsten von Auftraggebern / Käufern) bei Schlichtungsverfahren des Kfz-Gewerbes scheint den Erfahrungswert zu bestätigen, dass man als Privatmann und Bittsteller im seltensten Fall weiterkommt.

SCHUFA Ombudsmann

Der Ombudsmann schlichtet Streitigkeiten zwischen **Verbrauchern**[40] und der **SCHUFA Holding AG**.

Die SCHUFA („Schutzgemeinschaft für allgemeine Kreditsicherung") ist eine Bankenfirma, sie gehört zu 86,9 Prozent Banken und Sparkassen, weitere Anteilseigner sind hauptsächlich Handelsunternehmen.

Unrichtige Einträge bei der SCHUFA können die Kreditwürdigkeit, die finanzielle Reputation bzw. wirtschaftliche Existenz eines Verbrauchers schnell und für längere Zeit zerstören oder beeinträchtigen. **In sehr vielen Fällen sind (negative) Einträge nicht korrekt.** Vielfach unterlassen es Darlehensgeber beispielsweise einfach, längst erledigte Verbindlichkeiten der SCHUFA zur Löschung zu melden. Oder Inkassofirmen melden angeblich nicht bediente Forderungen ein, die in Wirklichkeit nicht bestehen oder aber verjährt sind. Mit den Suchworten *Schufa + Fehlerquote* finden sich im Internet zahlreiche erschreckende Berichte über falsche SCHUFA-Einträge und deren schädigende Folgen.

---

40 § 13 BGB: „Verbraucher ist jede natürliche Person, die ein Rechtsgeschäft zu Zwecken abschließt, die überwiegend weder ihrer gewerblichen noch ihrer selbständigen beruflichen Tätigkeit zugerechnet werden können."

Voraussetzungen: Nur **Verbraucher** können sich an den Ombudsmann wenden. Beschwerden, die im Zusammenhang mit einer gewerblichen oder selbständigen Tätigkeit stehen, sind nicht zulässig.

Verfahren: Die Beschwerde kann schriftlich, unter Schilderung des Sachverhalts und Beifügung aller relevanten Unterlagen eingereicht werden oder auch über das Internet. **Zuvor muss sich der Verbraucher um eine Klärung mit der Schufa bemüht haben** und dies nachweisen. Maßgebend ist die Verfahrensordnung.

Rechtswirkungen: Während der Dauer des Ombudsmannverfahrens gilt gegenüber der SCHUFA die Verjährung für Ansprüche des Beschwerdeführers, die Gegenstand des Ombudsmannverfahrens sind, als gehemmt.

Sind Einträge unzutreffend, kann der Ombudsmann bei begründeter Beschwerde beispielsweise die Korrektur eines Datensatzes in die Wege leiten oder eine Überprüfung der beanstandeten Meldung bei dem betreffenden Vertragspartner der SCHUFA veranlassen. Der Ombudsmann kann im Rahmen seines Schlichtungsspruchs ferner dem Beschwerdeführer einen Schadensersatzanspruch für tatsächlich entstandene und durch ein grob fahrlässiges Verhalten der SCHUFA kausal verursachte Schäden als Teil seines Schlichtungsspruchs aussprechen.[41]

---

41   Diese Befugnis für einen Ombudsmann ist einmalig in den Verfahrensordnungen der Schlichtungsstellen bundesweit. Es ist nicht bekannt und zugleich äußerst unwahrscheinlich, dass es je zu einem solchen Ausspruch gekommen ist.

Der Schlichtungsspruch des Ombudsmannes ist für die SCHUFA bis zu einem Betrag von 2.500 Euro grundsätzlich bindend.

Dem Beschwerdeführer steht jederzeit der Weg zu den ordentlichen Gerichten offen.

Zahlen: Im Jahr **2018** bearbeitete der Ombudsmann 358 Anliegen. Die **Erfolgsquote** für Beschwerdeführer ist **äußerst gering**. Die Zahl der Fälle, bei denen der Ombudsmann die vormals von der SCHUFA getroffene Entscheidung revidiert hat, betrug 36. In den Jahren 2011 bis 2018 wurden insgesamt 2.654 zulässige Anliegen oder Beschwerden behandelt. An SCHUFA-Bearbeitungsfehlern (also nicht Fehler der Vertragspartner der SCHUFA) stellte der Ombudsmann für diesen Zeitraum von acht Jahren in der Summe 80 fest. (*Quelle*: Tätigkeitsbericht 2018)

Kosten: Für Verbraucher gebührenfrei

Typ der Schlichtungsstelle: privatrechtlich

Information im Internet: https://www.schufa-ombudsmann.de

Kontakt:

Für den vorgeschriebenen **Klärungsversuch** mit der SCHUFA (vgl. oben): SCHUFA Holding AG
Privatkunden ServiceCenter
Postfach 10 34 41
50474 Köln

oder diese Telefonnummer anrufen: 0611 92780

Für die **Einreichung der Beschwerde:**

SCHUFA Ombudsmann
Postfach 5280
65042 Wiesbaden

Telefon: 0611 92780

Andere Einigungs- und Schlichtungsstellen

Auswahl:

Anfang 2020 verwiesen auch folgende Kammern und Verbände auf eigene Schlichtungsstellen:

Gewerbe:

*   Regionale **Handwerkskammern** unterhalten Schlichtungsstellen, u. a. besondere Stellen für **Bauschlichtung**. Die Kontaktdaten der Handwerkskammern können über https://www.handwerkskammer.de ermittelt werden.
*   **Niedersächsische Bauschlichtungsstelle**, http://www.bauschlichtungsstelle.de/
*   **Bundesverband Deutscher Inkasso-Unternehmen BDIU**, https://www.inkasso.de/ombudsfrau
*   **Bundesverband Möbelspedition und Logistik (AMÖ) e. V.**, https://amoe.de/einigungsstelle/
*   **Verband der Bergungs- und Abschleppunternehmen e. V. (VBA)**, https://vba-ev.de/

- **Bundesverband Reifenhandel und Vulkaniseur-Handwerk e. V. (BRV),**
https://www.bundesverband-reifenhandel.de/verbraucher/brv-schiedsstelle/
- **Kuratorium Deutsche Bestattungskultur e. V.,**
https://www.bestatter.de/wissen/beerdigung-und-bestattung/schlichtungsstelle/

Freie Berufe:

- **Ärztekammern** unterhalten Gutachterkommissionen und Schlichtungsstellen,
https://www.bundesaerztekammer.de
- **Landeszahnärztekammern** – Kontaktdaten über
https://www.bzaek.de/ueber-uns/organisationsstruktur/zahnaerztekammern-der-laender.html
- **Steuerberaterkammern**[42],
https://www.bstbk.de/

---

[42] § 76 Abs. 2 Nr. 3 Steuerberatungsgesetz (StBerG)

D. Das Europäische Netzwerk Schlichtungsstellen Finanzdienstleistungen (FIN-NET)

Für **grenzüberschreitende Streitfälle** zwischen **Verbrauchern** und **Finanzdienstleistern** (wie Banken, Versicherungen oder Wertpapierfirmen) besteht das Europäische Netzwerk der Schlichtungsstellen für Finanzdienstleistungen (FIN-NET).[43]

Dieses Netz nationaler Stellen umspannt die Mitgliedstaaten der Europäischen Union sowie Großbritannien, Norwegen, Island und Liechtenstein. Ist ein Verbraucher in einem Land in eine Streitigkeit mit einem Finanzdienstleister in einem anderen Land verwickelt, stellen die FIN-NET-Mitglieder für ihn den Kontakt zur zuständigen Schlichtungsstelle her und geben ihm die erforderlichen Informationen.

Inländische Mitglieder:

Versicherungsombudsmann

In den Zuständigkeitsbereich fallende Finanzanbieter: Versicherungsunternehmen, Versicherungsvermittler
Abgedeckte Finanzprodukte: Lebens- und Nichtlebensversicherungen

---

[43] Unter „Finanzdienstleistungen" versteht man Verträge über Bankdienstleistungen sowie Dienstleistungen im Zusammenhang mit einer Kreditgewährung, Versicherung, Altersversorgung von Einzelpersonen, Geldanlage oder Zahlung.

Ombudsmann Private Kranken- und Pflegeversicherung

In den Zuständigkeitsbereich fallende Finanzanbieter:
bestimmte Versicherungsunternehmen
Abgedeckte Finanzprodukte:
private Krankenversicherungen, private Pflegeversicherungen, bestimmte Nichtlebensversicherungen

Deutscher Sparkassen- und Giroverband (DSGV)

In den Zuständigkeitsbereich fallende Finanzanbieter:
nur deutsche Sparkassen
Abgedeckte Finanzprodukte (von Mitgliedern des Deutschen Sparkassen- und Giroverbands):
Zahlungsverkehr, Einlagen, Kredite und Darlehen, Hypotheken, Kapitalanlagen, Renten, Wertpapiere

Ombudsmann der deutschen genossenschaftlichen Bankengruppe (BVR)

In den Zuständigkeitsbereich fallende Finanzanbieter:
die meisten Banken und bestimmte Hypothekenbanken
Abgedeckte Finanzprodukte:
Zahlungsverkehr, Einlagen, Kredite und Darlehen, Hypotheken, Kapitalanlagen und bestimmte Wertpapiere

Ombudsmann der privaten Banken

In den Zuständigkeitsbereich fallende Finanzanbieter:
die meisten Banken und Hypothekenbanken
Abgedeckte Finanzprodukte:
Zahlungsverkehr, Einlagen, Kredite und Darlehen, Kapitalanlagen, Renten, Wertpapiere

Ombudsmann der Öffentlichen Banken Deutschlands (VÖB)

In den Zuständigkeitsbereich fallende Finanzanbieter:
bestimmte Banken
Abgedeckte Finanzprodukte:
Zahlungsverkehr, Einlagen, Kredite und Darlehen, Hypotheken, Kapitalanlagen und bestimmte Wertpapiere

Schlichtungsstelle bei der Deutschen Bundesbank

In den Zuständigkeitsbereich fallende Finanzanbieter:
Hypothekenvermittler, Anbieter von Kapitalanlagen, Anlagevermittler, Wertpapierhändler sowie bestimmte Banken, Hypothekenbanken und Kreditgenossenschaften
Abgedeckte Finanzprodukte:
die meisten Zahlungen, bestimmte Einlagen, bestimmte Kredite, Darlehen und Hypotheken sowie bestimmte Kapitalanlagen und Wertpapiere

Verband der Privaten Bausparkassen e. V. – Schlichtungsstelle Bausparen

Zuständigkeitsbereich:
nur private Bausparkassen, die Mitglieder des Verbands der Privaten Bausparkassen sind. Öffentliche Bausparkassen sind nicht angeschlossen.
Abgedeckte Finanzprodukte:
alle von den privaten Bausparkassen angebotenen Produkte und Dienstleistungen

Ombudsstelle für Investmentfonds

In den Zuständigkeitsbereich fallende Finanzanbieter:
bestimmte Anbieter von Kapitalanlagen sowie bestimmte

Banken und Verwahrstellen
Abgedeckte Finanzprodukte:
bestimmte Kapitalanlagen und Wertpapiere

Schlichtungsstelle bei der Bundesanstalt für Finanzdienstleistungsaufsicht (BaFin)

In den Zuständigkeitsbereich fallende Finanzanbieter:
alle der Aufsicht durch die BaFin unterliegenden Stellen
Abgedeckte Finanzprodukte:
Anlageprodukte im Sinne des Vermögensanlagengesetzes sowie Bankgeschäfte und Finanzdienstleistungen gemäß Erster Abschnitt § 1 (1) Kreditwesengesetz (KWG) und Erster Abschnitt § 1 (1a) KWG)

Ombudsstelle für Sachwerte und Investmentvermögen e. V.

In den Zuständigkeitsbereich fallende Finanzanbieter:
Verwalter alternativer Investmentfonds (AIFM), Anbieter geschlossener Fonds, Treuhandgesellschaften, alternative Investmentfonds, geschlossene Fonds
Abgedeckte Finanzprodukte:
alternative Investmentfonds (AIF), geschlossene Fonds

Alle diese Stellen sind – einschließlich Kontaktdaten – im Buch vorgestellt.

Anhang

Definition „Verbraucher":

Bürgerliches Gesetzbuch (BGB)
§ 13 Verbraucher

Verbraucher ist jede natürliche Person, die ein Rechtsgeschäft zu Zwecken abschließt, die überwiegend weder ihrer gewerblichen noch ihrer selbständigen beruflichen Tätigkeit zugerechnet werden können.

Definition „Unternehmer":

Bürgerliches Gesetzbuch (BGB)
§ 14 Unternehmer

(1) Unternehmer ist eine natürliche oder juristische Person oder eine rechtsfähige Personengesellschaft, die bei Abschluss eines Rechtsgeschäfts in Ausübung ihrer gewerblichen oder selbständigen beruflichen Tätigkeit handelt.

(2) Eine rechtsfähige Personengesellschaft ist eine Personengesellschaft, die mit der Fähigkeit ausgestattet ist, Rechte zu erwerben und Verbindlichkeiten einzugehen.

Definition „Verbraucherschlichtungsstelle":

Gesetz über die alternative Streitbeilegung in Verbrauchersachen (Verbraucherstreitbeilegungsgesetz – VSBG):

§ 2 Verbraucherschlichtungsstelle (Auszug)

(1) Verbraucherschlichtungsstelle ist eine Einrichtung, die

1. Verfahren zur außergerichtlichen Beilegung zivilrechtlicher Streitigkeiten durchführt, an denen Verbraucher oder Unternehmer als Antragsteller oder Antragsgegner beteiligt sind, und

2. nach diesem Gesetz oder auf Grund anderer Rechtsvorschriften als Verbraucherschlichtungsstelle anerkannt, beauftragt oder eingerichtet worden ist.

(2) Eine Einrichtung, die nicht nach diesem Gesetz oder auf Grund anderer Rechtsvorschriften als Verbraucherschlichtungsstelle anerkannt, beauftragt oder eingerichtet ist, darf sich nicht als Verbraucherschlichtungsstelle bezeichnen. Sie darf von ihrem Träger nicht als Verbraucherschlichtungsstelle bezeichnet werden.

Unterlassungsklagengesetz (UKlaG) – Auszug –

Gesetz über Unterlassungsklagen bei Verbraucherrechts- und anderen Verstößen (Unterlassungsklagengesetz – UKlaG)

§ 14 Schlichtungsverfahren und Verordnungsermächtigung

(1) Bei Streitigkeiten aus der Anwendung

1. der Vorschriften des Bürgerlichen Gesetzbuchs betreffend Fernabsatzverträge über Finanzdienstleistungen,
2. der §§ 491 bis 508, 511 und 655a bis 655d des Bürgerlichen Gesetzbuchs sowie Artikel 247a § 1 des Einführungsgesetzes zum Bürgerlichen Gesetzbuche,
3. der Vorschriften betreffend Zahlungsdiensteverträge in

a) den §§ 675c bis 676c des Bürgerlichen Gesetzbuchs,

b) der Verordnung (EG) Nr. 924/2009 des Europäischen Parlaments und des Rates vom 16. September 2009 über grenzüberschreitende Zahlungen in der Gemeinschaft und zur Aufhebung der Verordnung (EG) Nr. 2560/2001 (ABl. L 266 vom 9.10.2009, S. 11), die zuletzt durch Artikel 17 der Verordnung (EU) Nr. 260/2012 (ABl. L 94 vom 30.3.2012, S. 22) geändert worden ist, und

c) der Verordnung (EU) Nr. 260/2012 des Europäischen Parlaments und des Rates vom 14. März 2012 zur Festlegung der technischen Vorschriften und der Geschäftsanforderungen für Überweisungen und Lastschriften in Euro und zur Änderung der Verordnung (EG) Nr. 924/2009 (ABl. L 94 vom 30.3.2012, S. 22), die durch die Verordnung (EU) Nr. 248/2014 (ABl. L 84 vom 20.3.2014, S. 1) geändert worden ist,

d) der Verordnung (EU) 2015/751 des Europäischen Parlaments und des Rates vom 29. April 2015 über Interbankenentgelte für kartengebundene Zahlungsvorgänge (ABl. L 123 vom 19.5.2015, S. 1),

1. der Vorschriften des Zahlungsdiensteaufsichtsgesetzes, soweit sie Pflichten von E-Geld-Emittenten oder Zahlungsdienstleistern gegenüber ihren Kunden begründen,

2. der Vorschriften des Zahlungskontengesetzes, die das Verhältnis zwischen einem Zahlungsdienstleister und einem Verbraucher regeln,

3. der Vorschriften des Kapitalanlagegesetzbuchs, wenn an der Streitigkeit Verbraucher beteiligt sind, oder

4. sonstiger Vorschriften im Zusammenhang mit Verträgen, die Bankgeschäfte nach § 1 Absatz 1 Satz 2 des Kreditwesengesetzes oder

Finanzdienstleistungen nach § 1 Absatz 1a Satz 2 des Kreditwesengesetzes betreffen, zwischen Verbrauchern und nach dem Kreditwesengesetz beaufsichtigten Unternehmen

können die Beteiligten unbeschadet ihres Rechts, die Gerichte anzurufen, eine vom Bundesamt für Justiz für diese Streitigkeiten anerkannte private Verbraucherschlichtungsstelle oder die bei der Deutschen Bundesbank oder die bei der Bundesanstalt für Finanzdienstleistungsaufsicht eingerichtete Verbraucherschlichtungsstelle anrufen.